Le Best of du secrétariat

Imprimerie France Quercy - 46001 Cahors
N° d'impression : 11815
Dépôt légal : novembre 2001

ISBN : 2-910157-60-1

Le Best of du secrétariat

Anne Broilliard
Karine David
Florence Farelle

DES FICHES POUR AGIR

Les Éditions DEMOS

Mille Mercis

- *À toutes les secrétaires et assistantes qui nous font bénéficier en permanence de leur expérience et de leurs trouvailles, avec une pensée toute particulière pour les nôtres qui testent nos pratiques et nous interpellent en permanence. Sans elles, cet ouvrage n'existerait pas.*

- *À tous les consultants formateurs de notre équipe qui ont – directement ou indirectement – contribué à la rédaction de cet ouvrage et notamment :*
Marlène Abitbol, Yves Bernabeu, Patricia Clairay, Dominique de Boissieu, Josette Dubost, Bernard Fripiat, Isabelle Hamonic, Patricia Houeix, Myriam Michel, Joëlle Nicosia, Brigitte Paszt, Guylène Pautric, Camille Syren…

Sommaire

FICHES POUR AGIR **Sommaire**

introduction

À l'heure des nouvelles technologies, de la capitalisation du savoir et des 35 heures, les métiers du secrétariat continuent d'évoluer fortement.

Aujourd'hui, une assistante performante est celle qui optimise ses outils, communique aisément, discerne l'information utile, la diffuse et la retrouve vite. Ses compétences sont au top quand elle facilite le travail « collaboratif » avec ses collègues et ses managers et sait glaner et mettre en œuvre astuces et méthodes développées par d'autres.

Dans cet ouvrage, vous trouverez 82 fiches issues des meilleures pratiques du secrétariat. Elles touchent l'ensemble des compétences incontournables dans ce métier et vous proposent des moyens simples pour accroître votre performance et accélérer votre évolution. Ce sont toutes des fiches pour agir, créées, testées et approuvées par nos consultants formateurs et par les professionnelles du secrétariat que sont nos stagiaires.

Nous avons choisi de vous fournir un ouvrage souple d'accès. Vous pouvez le lire du début à la fin, chapitre par chapitre ou tout simplement passer d'une fiche à l'autre en fonction de vos besoins.

À vous de constituer votre « Best of » du Secrétariat.

Le meilleur moment pour agir s'appelle maintenant.

Anne, Florence et Karine

Chapitre I

■ S'organiser

1 ■ Intégrer l'esprit qualité dans son organisation

La qualité, c'est d'abord un état d'esprit qui repose sur quelques principes simples... en apparence !

- Respecter ses engagements et le prouver.
- Prévenir plutôt que guérir.
- Améliorer sans cesse et sans cesse.

C'est avoir toujours en tête trois petites voix intérieures qui rappellent en permanence trois messages :

- Faire bien du premier coup.
- Apprendre de ses erreurs.
- Faire mieux la fois suivante.

Voici quatre fiches pratiques :

1 ▪ Devenez « prestataire de service secrétariat ».
2 ▪ Faites des « revues de contrat secrétariat ».
3 ▪ Passez au crible les dysfonctionnements dans votre secrétariat.
4 ▪ Recherchez et présentez des solutions réalistes.

Bref, quatre fiches pour être une assistante « de qualité » !

▪ Fiche n°1 ▪ Devenez « prestataire de service secrétariat »

En tant qu'assistante, vous êtes « prestataire de service » en secrétariat vis-à-vis de vos managers qui sont en quelque sorte vos clients. Intégrer l'esprit qualité, c'est se mettre avec eux dans une relation client/fournisseur.

Pour chacune des missions qu'ils vous confient, passez avec eux un contrat de service, au moins pour les plus importantes.

Vous verrez cela change tout. Vous saurez où vous allez et comment y aller. Vous serez plus autonome, plus responsable...

▪ À quoi ressemble un contrat de service secrétariat ?

Pour une mission donnée (téléphone, classement, compte rendu de réunion...) :

1	2	3
Demandez à vos managers ce qu'ils attendent de vous, quelles sont leurs exigences et décrivez leurs critères de satisfaction. - - - - - -	Cochez ici ce qui ne dépend que de vous : ❍ ❍	Indiquez là ce qui dépend aussi d'eux (les conditions qu'ils doivent remplir) pour que vous puissiez satisfaire à leurs exigences... de client. - - - - - -
4) Parlez-en, puis écrivez ce sur quoi vous tombez d'accord, c'est-à-dire vos engagements réciproques.		

▪ Exemple de prestation classement

Exigences manager(s) : Il(s) attend(ent) de moi et il(s) sera(ont) satisfait(s) si :	Ce qui ne dépend que de moi et à quoi je m'engage :	Ce qui dépend aussi d'eux et à quoi il(s) s'engage(nt) :
J'adopte une méthode de classement évolutive et accessible à tous.	X	
Je fournis des dossiers bien structurés et épurés.		Accepter un rendez-vous – à ma demande – pour comprendre les tenants et les aboutissants des affaires nouvelles.
Je n'ai pas plus de 48 h de retard dans mon rangement.		Me rendre les documents à classer au fur et à mesure (ne pas les stocker).
Je mets à la disposition de tous un plan de classement à jour.		M'aider à définir la structure du plan de classement en fonction de leurs besoins.
J'ai une arborescence de mes documents sur micro-ordinateur compréhensible par tous.		M'accorder du temps pour présenter mon classement micro à la prochaine réunion.
Je fais au moins une fois par an l'archivage de mes documents conformément aux procédures maison.	X	

- Surlignez ensemble ce sur quoi vous tombez d'accord : **ce sont vos engagements réciproques, autrement dit, les clauses de votre contrat de service.**
- N'oubliez pas de prendre date pour faire une revue de contrat et voir si les engagements ont bien été tenus.

■ Fiche n°2 ■ Faites des « revues de contrat secrétariat »

Vous avez passé un contrat de service avec vos managers pour chacune de vos activités importantes (téléphone, classement, etc.). Ce contrat spécifie vos engagements réciproques. L'heure est venue de faire une revue de contrat.

■ Prestation classement : revue de contrat à la date du…

Mes engagements d'assistante	Vos engagements de manager	Revue de contrat
J'adopte la méthode « triple accès ».	—	Fait.
Je fournis des dossiers bien structurés et épurés.	Accepter un rendez-vous – à sa demande – pour comprendre les tenants et les aboutissants des affaires nouvelles.	Pas toujours en temps réel.
Je mets à la disposition de tous un plan de classement à jour.	L'aider à définir la structure du plan de classement en fonction de nos besoins.	Fait.
J'ai une arborescence de mes documents sur micro-ordinateur compréhensible par tous.	Lui accorder du temps pour présenter son classement micro à la prochaine réunion.	Reste à faire.
Je fais au moins une fois par an l'archivage conformément aux procédures maison.	—	Reste à faire.
NOUVELLES DÉCISIONS :		

Cette revue de contrat vous permettra :

- de vérifier que vous répondez bien aux attentes de vos managers ;
- de redresser la barre si tel n'est pas le cas, et si cela ne dépend que de vous ;
- d'analyser les causes du dysfonctionnement – si tel est le cas – et de trouver une solution. (voir fiche n° 3 ci-après)

C'est un formidable outil de progrès pour vous et votre équipe. Ces contrats de service pourront également servir de base à la préparation de votre entretien d'évaluation.

▪ Fiche n°3 ▪
Passez au crible les dysfonctionnements dans votre secrétariat

Nul n'est parfait et le zéro défaut n'existe pas.

Toutefois, l'important reste de « prévenir plutôt que guérir ». Ce vieil adage fait partie intégrante de la démarche qualité.
L'idéal, en effet, est d'anticiper les dysfonctionnements potentiels… pour les éviter. Mais, à défaut, c'est de tout faire pour qu'ils ne se reproduisent pas. Suivez donc les étapes suivantes :

▪ Listez les dysfonctionnements qui entravent la bonne marche de votre secrétariat

Quels sont les dysfonctionnements les plus fréquents ? (Ils ne sont peut-être pas très graves, mais ils font perdre beaucoup de temps.) - - -	Quels sont les plus importants ? (Ils ne sont peut être pas fréquents, mais ils sont réellement pénalisants, voire graves.) - - -
Au final, quels sont ceux qu'il faut traiter en priorité et quand ?	
1. 2. 3. Décidez alors de commencer par le problème n° 1.	

▪ Formulez clairement le problème à traiter

De la bonne formulation d'un problème dépend la qualité de la solution qui sera apportée.
Ex : la messagerie (est un merveilleux outil), mais fait perdre beaucoup de temps.

▪ Fixez-vous un objectif précis

Ex. : gagner du temps et en faire gagner à mes managers.

▪ Identifiez les causes du problème

Pour ce, utilisez le grand classique : CQQCOQP ? Pour vous en souvenir, prononcez « C'est Cucu, c'est occupé »). C'est une méthode infaillible, utilisable en toutes circonstances. Elle est en outre parfaitement applicable à l'organisation de vos réunions.

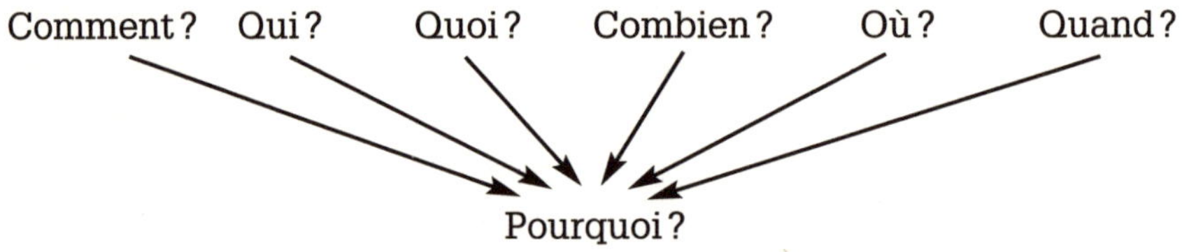

Obligez-vous à être factuelle et à bien vous poser toutes ces questions. Sinon vous risquez de trouver une solution qui ne réponde pas à l'ensemble du problème.

▪ Cherchez des solutions

C'est la partie créative de la démarche qualité, mais celle-ci est, par ailleurs, celle qui demande le plus de rigueur.
Reprenez chacune des causes.
Faites un petit brainstorming (seule ou avec d'autres) en vous demandant comment vous pouvez éliminer ces causes.
Utilisez la phrase suivante sans censurer vos réponses :
« Et si… (on faisait comme ci ou comme ça).

Exemple

Et si vous suiviez un stage pour optimiser votre messagerie…
Et si vous définissiez les règles du jeu avec votre responsable…

Ensuite – et ensuite seulement – soyez critique : éliminez les idées farfelues, analysez les solutions qui restent.

▪ Comparez les avantages et les inconvénients des solutions envisagées

Dans l'exemple « la messagerie fait perdre beaucoup de temps » :

- Vous aurez éliminé les idées irréalistes comme « la supprimer ou embaucher quelqu'un pour la gérer ».
- Vous aurez listé les solutions potentielles et défini des critères de choix (ici : motivant, facile, efficace, économique) qui seront notés de 1 à 5.
- Vous calculerez la note remportée par chaque solution pour identifier la meilleure.

▪ Exemple de grille multicritères pour choisir une solution

CRITÈRES **SOLUTIONS**	Motivant	Facile à mettre en œuvre	Efficace *1 *** 2**	Économique	TOTAL
Solution n°1 : Suivre un stage « comment optimiser la messagerie ».	5	3	5 **10**	2	14 **19**
Solution n°2 : Déléguer la gestion de la messagerie à l'assistante.	3	3	1 **2**	3	10 **11**
Solution n°3 : Établir des règles du jeu précises sur : qui traite quoi dans la messagerie, qu'est-ce qui est considéré comme urgent ? qu'est-ce qu'on imprime ou non, garde ou jette…	5	4	3 **6**	5	17 **20**
Solution n°4 : Faire du benchmarking sur la messagerie en échangeant trucs et astuces avec des équipes au top des NTIC.	3	2	5 **10**	5	15 **20**
Solution n°5 : Monter une action de coaching du manager et de son assistante avec conseils personnalisés.	5	4	5 **10**	1	16 **26**

NB * : notez de 1 à 5 (1 = peu et 5 = très). Vous pouvez aussi pondérer les critères ; si vous trouvez que certains sont plus importants que d'autres, attribuez-leur un facteur 2 ; c'est le cas ici pour l'efficacité où vous avez indiqué les deux hypothèses : facteur 1 ou 2, ce qui bien sûr change la décision.

▪ Fiche n°4 ▪ Recherchez et présentez des solutions réalistes

Une fois comparées les solutions envisagées, vous devez les présenter de façon réaliste. Voici une fiche pratique qui illustre le cas traité précédemment. Elle est utilisable quel que soit le cas de figure :

PROBLÈME POSÉ: la messagerie nous prend trop de temps.
OBJECTIF VISÉ: gagner du temps et en faire gagner à mes managers.

SOLUTIONS PROPOSÉES	MOYENS NÉCESSAIRES
N° 1 Coaching manager/secrétaire.	Choisir un coach. Définir une date commune manager/assistante. Prévoir un budget de x euros.
N°2 Organiser un stage assistante pour optimiser sa messagerie.	Obtenir l'accord du manager et du service formation sur le stage x et les dates y. Prévoir un budget de x euros. S'organiser pour assurer le remplacement de l'assistante.
N°3 Benchmarking entre assistantes.	Obtenir l'accord de tous les managers. Organiser une réunion des assistantes. Prévoir leur remplacement. Rédiger un compte rendu des meilleures pratiques pour action.

Critères de choix: motivant, facile à mettre en œuvre, efficace, économique.

Votre préférence: la solution N° 1.
Pourquoi ? car c'est la plus efficace.

Solution retenue:

Évaluation du résultat prévue le:................. Faite le:...................

- N'oubliez jamais qu'une solution n'est jugée bonne que si le résultat est positif par rapport à l'objectif visé.
- Choisissez, dès maintenant, dans votre pense-bête habituel (Microsoft Outlook ou un autre), une date pour évaluer le résultat.
- Et si vous n'arrivez pas à vous mettre d'accord sur une solution, il vous faudra trouver un compromis et rechercher le consensus.

2 ■ Manager son temps

L'idée de pouvoir « manager son temps » pour une assistante est presque révolutionnaire tant on considérait jusqu'à maintenant qu'une secrétaire devait en permanence être disponible pour répondre aux demandes de « son » manager.

Cette disponibilité – alors requise – n'était pas forcément synonyme d'efficacité… on le savait sans trop oser le dire… Mais aujourd'hui, elle est devenue quasi impossible, car une assistante ne peut être à la disposition de tous ses managers en même temps et rester efficace.

Le secrétariat d'équipe, les 35 heures, et les nouvelles technologies vous amènent donc à repenser votre gestion du temps… et vous permettent, voire vous obligent, à devenir plus autonome, ce que vous souhaitez et que l'on attend de vous.

Voici cinq fiches pratiques :

1 ▪ Jonglez avec les lois de la gestion du temps.
2 ▪ Tâchez d'y voir clair !
3 ▪ Pourchassez vos « croque-temps » favoris ou détestés.
4 ▪ Jouez de votre agenda électronique.
5 ▪ Définissez en permanence vos vraies priorités.

▪ Fiche n°1 ▪ Jonglez avec les lois de la gestion du temps

PRINCIPES	EXEMPLES	CONSEILS
ALLEZ À L'ESSENTIEL L'essentiel prend 20 % du temps, de l'espace… ; l'accessoire 80 %. (Loi de Pareto)	Je ne m'attribue pas plus de trois activités importantes dans la journée de manière à pouvoir gérer l'inattendu.	Les questions à vous poser: • Quel est l'essentiel dans votre métier? • Quel pourcentage de votre temps y consacrez-vous? Quelques conseils: • Éliminez l'inutile en utilisant le CQQCOQP. cf. p. 27 • Déterminez les priorités: concentrez-vous sur l'essentiel et économisez sur les priorités.
COMMENCEZ PAR LE PLUS DIFFICILE L'individu va spontanément vers ce qui est facile et fait plaisir, et s'arrange pour fuir ce qui est difficile et désagréable. (Loi de Laborit) Rien n'est aussi simple qu'il y paraît. (Loi de Murphy)	J'ai du mal à faire la facturation. Je commence la journée par la facturation.	Les questions à vous poser: • Que faites-vous facilement? • Quelles sont les activités qui vous demandent un effort? • Par quoi commencez-vous votre journée? Quelques conseils: Évaluez le temps moyen que vous passez à chaque tâche principale de votre fonction: • vous apprendrez à ne plus croire que vous pouvez tout faire en une seule journée. • Vous pourrez comparer le temps prévu au temps passé et vous interroger sur le temps nécessaire.
ÉVITEZ DE VOUS DISPERSER Tout travail interrompu est moins efficace et prend plus de temps que s'il est effectué de manière continue. (Loi de Carlson)	Je finis la facturation avant de faire la relance client.	La question à vous poser: • Par quoi vous laissez-vous disperser? Quelques conseils: • Sachez dire non. • Expliquez le pourquoi. • Proposez des solutions de rechange. • Fixez-vous des objectifs et tenez-les.

PRINCIPES	EXEMPLES	CONSEILS
NE PASSEZ PAS PLUS DE TEMPS QUE NÉCESSAIRE Passer beaucoup de temps ne garantit pas un meilleur résultat. Parallèlement, on constate qu'un travail qui pourrait être fait en 1h si on ne dispose que de 1h, sera effectué en 2h parce qu'on dispose de 2h. (Loi de Parkinson)	Je fais attention à ne pas passer trop de temps sur la mise en page du document, etc.	Les questions à vous poser : • À quoi avez-vous passé beaucoup de temps ? Pourquoi ? Quelques conseils : • Imposez-vous des délais, fixez-vous des échéances grâce aux temps moyens que vous avez recueillis. • Ne prenez pas plus de temps que nécessaire sous prétexte que vous avez du temps de disponible !
CHOISISSEZ LE BON MOMENT Chacun a ses bons et mauvais jours, et dans une même journée, ses bonnes et mauvaises heures. (Loi de Swoboda) Il y a un temps pour tout et pour chaque chose. (Loi de l'Ecclésiaste)	Je rédige mes comptes rendus le matin lorsque je suis efficace et traite le courrier en début d'après-midi.	Les questions à vous poser : • À quel moment êtes-vous le plus efficace ? • En tenez-vous compte pour vous organiser ? Quelques conseils : • Trouvez l'activité qui convient à chaque moment. • Ne faites qu'une chose à la fois, et faites-la bien, en vous y consacrant totalement. • Sachez faire des choses différentes, et même opposées, à des moments différents.
SACHEZ VOUS ARRÊTER OU CHANGER DE GENRE Passé un certain seuil, on devient improductif. (Loi d'Illich)	Lorsque je sens mes yeux se « croiser », j'arrête la saisie du compte rendu de réunion et vais faire mes photocopies.	La question à vous poser : • Attendez-vous d'être totalement fatiguée pour vous arrêter ? Quelques conseils : • Au-delà d'un certain seuil horaire (que vous fixez vous-même), sachez vous arrêter pour faire autre chose. • Ne vous obstinez pas si vous sentez que vous commencez à faire trop de fautes ou que vous saturez. • Ne vous leurrez pas sur l'utilité d'heures supplémentaires systématiques !
SACHEZ INVESTIR DU TEMPS	Le soir, je prépare ma journée du lendemain, je me crée des modèles de fax, de lettres, etc.	La question à vous poser : • Sur quoi avez-vous récemment passé du temps pour améliorer l'existant ? Quelques conseils : • Anticipez. • Identifiez toutes vos actions répétitives et automatisez ces actions récurrentes. • Prenez le temps d'améliorer l'existant – c'est du temps gagné !

▪ Fiche n°2 ▪ Tâchez d'y voir clair

Date : ...

	Traitement du courrier Papier/Mail	Traitement de texte (nb de pages relues)	Photocopie Fax	Présentation dossier	Directives données /reçues	Réunion	Classement	Documentation	Tél. passés	Tél. reçus	Visiteurs internes	Visiteurs externes
9h00										5		
9h30												
10h00												
10h30											1	
11h00		6 p								3		
11h30												
12h00												1
12h30												
13h00												
13h30												
14h00									5			
...												
Tps passé	30 mn	1h30	30				30		5	8	1	1

▪ Pour faire votre autodiagnostic de temps :

1. Établissez un tableau tel que ci-dessus. Listez en ligne toutes les activités que vous rencontrez dans votre poste et en colonne les heures de la journée ;
2. Tout au long de la journée, saisissez le temps passé à une activité dès que vous l'avez finie et passez à la suivante. Par exemple, vous avez traité le courrier entre 9h et 9h30 et avez reçu durant cette même période deux coups de fils. Crayonnez la case « Traitement du courrier arrivé » et faites deux barres dans la case « Tél. reçus » entre 9h et 9h30 ;
3. À la fin de la journée, faites les comptes.

▪ Qu'en déduire ?

Analysez les résultats à la lumière des questions suivantes :

- Ai-je fait l'essentiel ?
- Me suis-je laissé interrompre ? Si oui, pourquoi ? Qu'aurais-je pu faire pour éviter cela ?
- Le temps que vous avez consacré est-il adapté (ni trop long, ni trop court) ?
- Avez-vous reporté à demain ce qui vous embêtait ?
- Auriez-vous pu supprimer quelque chose purement et simplement ?

■ Fiche n°3 ■ Pourchassez vos « croque-temps » favoris ou détestés

Pour vous aider à gagner du temps, il est nécessaire au départ d'identifier ce qui vous en fait perdre dans votre activité professionnelle.
Voici une liste de voleurs de temps classiques dans le métier du secrétariat. Cochez ceux que vous reconnaissez et demandez-vous si au fond vous les aimez (ils sont dévoreurs de temps mais au fond sont bien agréables), ceux que vous n'aimez pas et dont vous aimeriez vous débarrasser.

■ Identifiez-les

Voleurs de temps	Ceux que vous aimez	Ceux dont vous voudriez vous séparer	Mesures et solutions possibles
Appels téléphoniques professionnels inutilement longs			
Appels téléphoniques personnels			
Parlotes et rencontres			
Visites non attendues de clients ou fournisseurs			
Matériel non fonctionnel			
Entretiens non prévus ou trop longs			
Réunions trop fréquentes, mal préparées, trop longues			
Priorités changeantes			
Informations incomplètes			
Procédures lourdes			
Manque d'informations, communication insuffisante			
Conflits			
Responsabilités confuses			
Absence de plan de travail quotidien			
Mauvaise estimation des durées			
Inaptitude à dire non			
Report des activités délicates			
Non définition de délai			
Retard à traiter les conflits			
Indécision ou décision trop rapide			
Lectures			
Distractions, négligence			
Manque d'ordre, bureau mal rangé			
Plusieurs activités simultanées			
Déplacements			
Perfectionnisme dans l'action			
Fatigue			

▪ Fiche n°4 ▪ Jouez de votre agenda électronique

Vous êtes équipée de Microsoft Outlook ou de Lotus Notes ? Alors, vous disposez d'un planificateur de tâches et d'un agenda électronique, deux aides précieuses pour mieux vous organiser et gérer votre temps au quotidien.

1 ▪ Notez les éléments dans votre agenda

- Ouvrez votre agenda et double-cliquez sur la date à laquelle vous souhaitez inscrire le rendez-vous.
- Renseignez les différents champs : objet, lieu, disponibilité, début et fin, etc.

Remarque

- Pour inscrire un rendez-vous sur Microsoft Outlook, décochez la case journée entière de manière à faire apparaître les champs *Début* et *Fin*.
- Pour que le rendez-vous ou l'événement ne soit pas visible sur le réseau, cochez la case *Privé* (Microsoft Outlook) ou *Masquer aux autres utilisateurs* (Lotus Notes).

2 ▪ Visualisez votre planning

Choisissez le mode d'affichage de votre agenda grâce à la commande *Affichage/jour, semaine* ou *mois* sous Microsoft Outlook ou les boutons *2 jours, 1 semaine, deux semaines, 1 mois* sous Lotus Notes.

Parallèlement, le planificateur de tâches vous permet de lister toutes les tâches que vous souhaitez ou devez réaliser. Il remplace ainsi vos agenda, éphéméride et échéancier traditionnels. Cette saisie dans le planificateur de tâches présente de nombreux avantages :

- Visualiser toutes les tâches que vous avez à réaliser ;
- Déléguer ou transmettre une tâche qui vous incombe ;
- Définir les tâches du jour, les prioritaires, celles qui sont en retard, etc. ;
- Décharger votre mémoire grâce au rappel automatique.

1 ▪ Listez toutes les tâches que vous souhaitez réaliser

- Ouvrez le planificateur de tâches ;
- Cliquez sur le bouton *Nouvelle Tâche* sous Lotus Notes ou effectuez la commande *Fichier/Nouvelle Tâche* sous Microsoft Outlook ;
- Renseignez les différents champs : objet, priorité, etc. Lors de cette étape, vous pouvez définir un rappel automatique. Au moment de votre choix, un message d'alerte avec le contenu de la tâche vous apparaîtra.

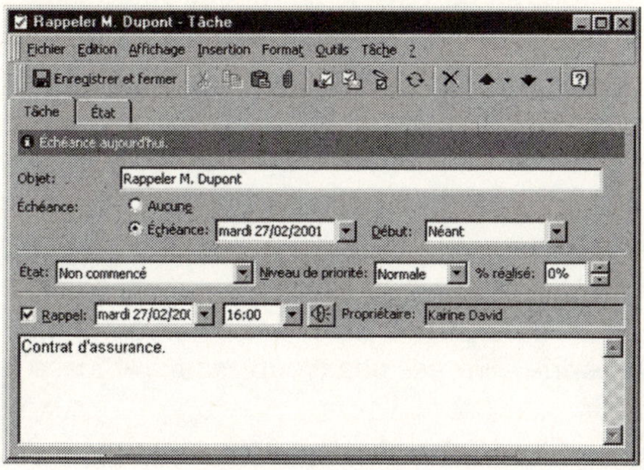

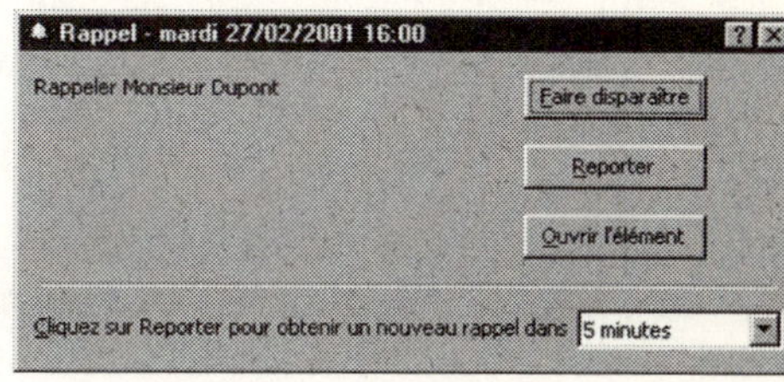

Exemple de tâche sous Microsoft Outlook.

2 ▪ Visualisez votre planning d'activité

Toutes les tâches que vous avez listées sont reprises sous forme d'icônes dans la boîte d'affichage de l'ensemble des tâches. Grâce à elles, vous pouvez faire ressortir les tâches prioritaires, celles que vous devez réaliser avant telle date, etc.

Cliquez sur le nom de la rubrique pour que celui-ci devienne le critère de classement. Vous saurez ainsi ce que vous devez réaliser impérativement avant la fin de la semaine, par exemple.

▪ Fiche n°5 ▪ Définissez en permanence vos vraies priorités

Vous vous demandez comment font les autres, ceux qui arrivent à maîtriser leur temps et à accomplir tant de choses en une journée, tout en gardant le sourire et une certaine sérénité. Leur secret est simple. Ils ont une idée claire de ce qu'ils veulent et du chemin à prendre pour y arriver. Ils ont pris le temps de déterminer leur but et leurs objectifs. Comment procéder ?

1 ▪ Soyez au clair avec votre activité

Listez l'ensemble des activités en cours et à faire :

- Une liste « dans la tête » encombre l'esprit. Elle est beaucoup moins efficace qu'une liste écrite.
- Avoir sous les yeux un ensemble permet de prendre plus de recul.

2 ▪ Faites primer cette liste

Une liste sans priorité est pour ainsi dire inutile.
Pour définir les priorités, sachez distinguer l'urgent de l'important. Pour chaque tâche, posez-vous les questions suivantes :

- « Est-ce urgent <u>et</u> important ? » ou « est-ce simplement urgent ? »

L'urgent est ce qui ne pourra être fait plus tard, car il sera trop tard.
L'important est ce qui est entièrement lié à votre mission.

Si la tâche est...	Vous devez
▪ importante et urgente (ex: prendre un billet de train pour demain)...	réaliser la tâche immédiatement.
▪ importante mais non urgente (ex: passer la commande fourniture, sauf si vous êtes en rupture de stock)...	tenir compte des délais impartis pour l'insérer dans votre planning d'activité.
▪ urgente mais non importante (ex: réaliser deux transparents supplémentaires pour le séminaire du lendemain)...	vous demander si cela peut être évité en envisageant les conséquences de sa non réalisation avec votre manager.

Remarque

Ne vous laissez pas déborder par le « non important » ni par l'urgence permanente qui vous est souvent abusivement imposée par les autres.

Si vous avez du mal à distinguer le superflu de l'essentiel parmi l'ensemble des tâches qui vous incombent, commencez par les lister pêle-mêle comme elles vous viennent à l'esprit. Ensuite classez-les en trois catégories : A, B, C, en fonction de leur importance.

Type A : tâches très importantes **et** urgentes.
Type B : tâches importantes ou urgentes.
Type C : tâches de routine, ni importantes ni urgentes.

Cela vous aidera à faire la distinction entre l'essentiel et le superflu.

3 ▪ Établissez ensuite votre plan de travail journalier...

Notez tout ce que vous devez réaliser dans la journée en tenant compte des priorités que vous vous êtes fixées lors de l'énumération de vos tâches.

Le...	**PRIORITÉS** Ne peut attendre demain et je sais pourquoi	**POSTÉRIORITÉS** Peut attendre demain et je sais pourquoi
9 h		
10h		
11h		
12h		
13h		
14h		
15h		
16h		
17h		
18h		

Pour les tâches que vous ne pouvez réaliser aujourd'hui, demandez à vos managers :
- Quelle est votre date buttoir ?
- Et si je n'y arrivais pas, que se passerait-il ?

Ne s'en préoccuper que lorsqu'on a fini de traiter toutes les priorités du jour, c'est-à-dire l'essentiel.

3 ■ Organiser réunions et manifestations

De l'intendance et de la logistique dépendent le succès d'une réunion, d'un événement ou d'une manifestation.

Les conférenciers peuvent être passionnants et l'animateur excellent, si un « bug » vient perturber le bon déroulement de la journée, c'est comme un virus dans un micro-ordinateur, on risque de se « planter ».

Voici quatre fiches pratiques :

1 ▪ Posez-vous les bonnes questions.
2 ▪ Ayez une check-list « dernière minute ».
3 ▪ Arrêtez une date rapidement.
4 ▪ Ayez un budget type.

▪ Fiche n°1 ▪ Posez-vous les bonnes questions

▪ Interrogez-vous avant la réunion…

Utilisez le CQQCOQP tel que nous l'avons vu en p. 14.

Vos questions	Les réponses à apporter
Qui ? • Qui organise la réunion ? • Qui est le responsable ? • Quelles sont les personnes qui auront à travailler sur le projet avec vous ? • Qui intervient (animateur, conférencier) ? • Qui participe ? (invités + accompagnants, partiellement ou en totalité…) • Qui accueille ? • Qui seront les prestataires de services ? • Qui gère le budget ? **Quoi ?** • Quels sont les objectifs de cette réunion ? • Quels sont les messages à faire passer ? • Quelles sont les meilleures techniques pour le faire ? • Quel matériel utiliser ? (matériel, fournitures, prestations spéciales ?) **Comment ?** • Quels moyens mettre en œuvre pour optimiser au mieux cette réunion ? • Comment s'y prendre pour prévenir les participants ? • Comment rédiger et présenter les invitations ? • Comment réaliser les dossiers documentaires des participants ? • Comment organiser les transports, la restauration, l'hébergement… ? • Comment exploiter les résultats de cette réunion ? • Comment réutiliser ce qui a marché et améliorer le reste ? **Où ?** • Quel lieu convient le mieux à cette réunion ? • Où organiser les repas ? l'hébergement ? • Où trouver l'assistance technique ? (Si la situation est complexe et le choix difficile, établissez une grille de choix multicritères (cf.. ex. p. 15) ; elle vous aidera à prendre une décision en collaboration avec l'organisateur)	

Vos questions	Les réponses à apporter
Quand ? • Fixer la date définitive. • Mettre au point l'ordre du jour. • Réserver les lieux. • Envoyer les invitations. Vous choisirez la période la plus favorable, en tenant compte : - des desiderata de l'organisateur (disponibilités, objectif de la réunion) ; - du lieu choisi (réservation de la salle) ; - des intervenants (disponibilité de chacun en fonction du programme) ; - des participants ; - des périodes de vacances, jours fériés, ponts (pensez aux étrangers participants ou invités…) ; - évitez les « mauvais jours » identifiés comme tels : lundi et vendredi. **Pourquoi ?** • Que souhaitons-nous obtenir à l'issue de cette rencontre ? • Quels devront être les bénéfices pour les participants, les intervenants, votre manager et vous-même ?	

▪ Faites un compte à rebours

Tâches à exécuter	À réaliser à J - ...	Fait le	Commentaires
Préparer et vérifier : ❑ Contacter l'organisateur ❑ Rechercher la salle ❑ Choisir la date ❑ Établir la liste des participants ❑ Fixer et répartir le budget ❑ Rédiger le scénario de la réunion ❑ Rédiger l'invitation ❑ Visiter la salle, le restaurant… ❑ Vérifier le matériel ❑ Vérifier les dossiers ou supports ❑ Penser à la permanence téléphonique ❑ Valider les badges ❑ Penser aux trousses de secours (adhésif, colle…) ❑ ………………………			
Réaliser : ❑ Être la première sur les lieux ❑ Faire un dernier tour de contrôle sur les lieux ❑ Accueillir les participants ❑ Vous présenter aux participants ❑ Suivre avec précision le déroulement de la manifestation afin de respecter les délais des différentes actions ❑ Aux pauses, distribuer les messages aux participants, aérer les salles et vider avec discrétion les cendriers ❑ ………………………			
Assurer le suivi : ❑ Rendre le matériel ❑ Mettre à jour la liste des participants ❑ Rédiger un compte rendu, l'envoyer aux participants et à ceux qui n'ont pu être présents ❑ Faire un point financier (valider et régler les factures ; mettre à jour le budget) ❑ Faire un point amélioration (faire un tableau et vérifier ce qui a bien fonctionné et ce qui reste à améliorer) ❑ ………………………			

▪ Fiche n°2 ▪ Ayez une check-list « dernière minute »

Il est indispensable d'avoir une check-list de « dernière minute ». La veille ou le jour J, vous pointerez que tout est en ordre et que vous avez bien pensé aux parades en cas de problèmes. C'est là que l'on jugera de votre vrai professionnalisme.

Voici une liste type :

- notez dans la colonne 1, ce qu'il vous faudra vérifier le jour J ou la veille ;
- inscrivez dans la colonne 2, les parades que vous avez prévues en cas de problèmes.

La salle

❑ Disponibilité
❑ Contenance
❑ Agencement (petites tables, disposition, écran, tableau mural, etc.)
❑ Environnement (photocopieur, téléphone, distributeur de boissons, etc.)
❑ Plan d'accès
❑ Prises électriques
❑ Éclairage, ventilation, absence de bruit
❑ Vestiaires et toilettes
❑ Emplacement buffet
❑ Décoration (plantes vertes, panneaux publicitaires, etc.)

Le matériel

❑ Paper board et recharge
❑ Feutres de différentes couleurs en état de marche
❑ Épingles et scotch
❑ Feuille de papier, stylos pour les participants
❑ Chevalets, badges
❑ Rétroprojecteur (avec lampe de rechange), barco, projecteur de diapositives et écran (dimension ?)
❑ Téléprompteur
❑ Traduction (cabines, traducteurs, écouteurs)
❑ Téléconférence
❑ Son (nombre et type de micros ?)
❑ Ordinateurs (nombre ?)
❑ Fax, photocopieur
❑ Moniteur et magnétoscope (VHS, Umatic, etc.)
❑ Test des différents matériels (magnétoscope, barco, etc.)

La documentation

❑ À lister à chaque réunion

Pensez à anticiper les dysfonctionnements (ex : un barco en panne)

- Qu'est-ce qui risque de poser problèmes ?
- Quelles solutions ai-je trouvées ? (ex : un 2e barco)

Autres :

Fiche n°3
Arrêtez une date rapidement

Choisissez entre l'agenda électronique et la grille de décision classique.

Avec vos agendas électroniques partagés…

Organisez facilement la réunion :

Sous Microsoft Outlook

- Demandez la commande *Actions/Organiser réunion.*
- Identifiez les personnes que vous souhaitez convier en cliquant sur le bouton *Inviter d'autres personnes.*
- Trouvez la plage horaire libre commune à tous grâce au bouton *Sélection automatique.*
- Cliquez sur le bouton *Définir une réunion*, remplissez le message comme vous le faites par ailleurs et envoyez la proposition de réunion.

Sous Lotus Notes

- Dans votre agenda, cliquez sur le dossier *Réunion*, puis sur le bouton *Planifier une réunion.*
- Dans l'onglet *Général*, sélectionnez *Invitation.*
- Dans l'onglet *Invitation aux réunions*, indiquez le nom des personnes et les ressources nécessaires.
- Pour connaître la disponibilité des différents invités, cliquez sur le bouton *Planificateur*, puis sélectionnez la période pour organiser la réunion.
- Lorsque vous avez terminé, cliquez sur *Enregistrer* et *Envoyer invitations.*

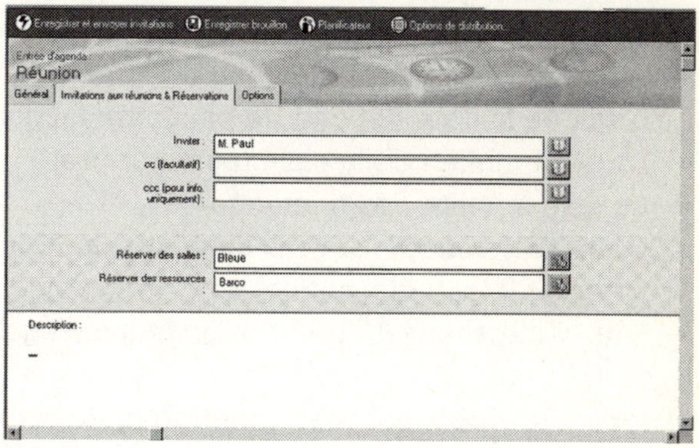

Attention : si vous utilisez Lotus Notes, vous devez vérifier auprès de votre service informatique que vous avez la possibilité de consulter les agendas (uniquement les disponibilités) de tout le monde.

Toutes les personnes que vous avez invitées vont recevoir un message d'invitation à la réunion. Lorsqu'elles acceptent, la réunion s'inscrit automatiquement dans leur agenda.

▪ Assurez-vous de la participation des personnes invitées

À chaque fois qu'une personne répond à la demande de réunion, vous recevez un message vous indiquant sa décision. Il vous est possible d'afficher une synthèse de toutes les réponses obtenues pour une proposition de réunion, de manière à pouvoir relancer les personnes qui ont oublié de vous répondre.

Sous Lotus Notes : ouvrez la réunion dans votre agenda et cliquez sur le bouton *Afficher les réponses des invités.*
Sous Microsoft Outlook : ouvrez la réunion et cliquez sur l'onglet *Gestionnaire de réunion.*

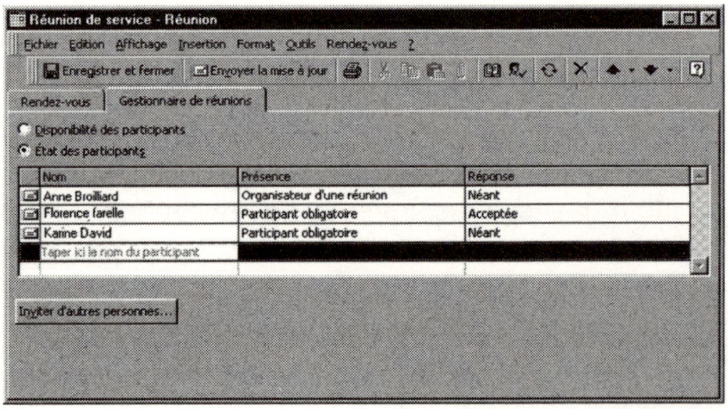

Exemple Microsoft Outlook

▪ Avec une grille de décision classique…

Arrêtez une date de réunion grâce à une grille d'analyse.
Le choix de la date dépend de plusieurs facteurs :

- La disponibilité de la salle (éliminatoire).
- La disponibilité des personnes.
- Leurs préférences : si vous souhaitez indiquer le degré de préférence des participants, notez de 0 (non disponible) ou 1 (difficilement disponible) à 2 (tout à fait disponible).
- Leur « indispensabilité » : vous pouvez également la pondérer.

Notez « oui » ou « non » en fonction de la disponibilité des personnes et des dates.

Invités	**Jean**	**Michel**	**Luc**	**Paul**
Dates				
Jeudi 3 mai	NON	NON	OUI (2)	NON
Jeudi 10 mai	NON	OUI (2)	OUI (1)	OUI (1)
Vendredi 25 mai	OUI (1)	OUI (1)	NON	OUI (2)

■ Fiche n°4 ■
Ayez un budget type

- ❑ Réalisez un tableau de budget type sous Excel (cf.. exemple ci-dessous).
- ❑ Indiquez, pour chaque ligne de dépense, le montant des différentes hypothèses dans les colonnes « Montants hypothèse 1 », « Montants hypothèse 2 »…
- ❑ Lorsqu'une décision est prise, notez, pour chaque ligne de dépense, son montant dans la colonne « Prévu ».
- ❑ Notez dans la colonne « Réalisé », le montant réellement facturé (nous ne sommes pas à l'abri d'un dépassement ou d'une bonne surprise).
- ❑ Pour finir, faites le total des dépenses (case « Coût réel de la manifestation » et calculez l'écart par rapport au budget alloué.

DÉPENSES	**Montants Hypothèse 1**	**Montants Hypothèse 2**	**Montants Hypothèse 3**	**Décision**	
				Prévu	**Réalisé**
Dossiers préalables: - cadeaux - traduction - frais d'impression -…					
Location: - mobilier - matériel -…					
Décoration florale					
Restauration					
Hôtel					
Déplacement intervenants					
Taxis, parking					
Fournitures de bureau					
Intervenants					
Cartons d'invitations					
Total général:					

Budget prévu	
Coût réel de la manifestation	
Économie réalisée ou dépassement (écart)	

4 ■ Préparer des voyages d'affaires

Qu'attendent de vous – assistantes – les nomades au long cours pour lesquels vous travaillez ?

- de penser à tout avant leur départ,
- d'assurer un relais efficace et fiable pendant leur absence,
- de leur ménager un retour… en douceur,
- de prendre en main le suivi du voyage au maximum,
- de tenir compte des aléas rencontrés pour améliorer encore et encore les conditions de leur future « expédition ».

Voici quatre fiches pratiques :

1 ■ Posez les bonnes questions.
2 ■ Donnez-leur une feuille de route.
3 ■ Aidez-vous d'Internet.
4 ■ Définissez des moyens de liaison.

▪ Fiche n°1 ▪ Posez les bonnes questions

Voyageur :........................ Date de la fiche :..................

1 ▪ Quelles sont les étapes du voyage ?

Quand ? Où ?

Destinations et dates :

Trajet n°1 :

De :........... date :.......... heure :......... - À :........... date :......... heure :.........

Trajet n°2 :

De :........... date :.......... heure :......... - À :........... date :......... heure :.........

Trajet n°3 :

De :........... date :.......... heure :......... - À :........... date :......... heure :.........

Trajet n°4 :

De :........... date :.......... heure :......... - À :........... date :......... heure :.........

2 ▪ Les préférences ou exigences personnelles du voyageur

Comment ? (avant son départ)

Moyens de transport préférés :..

Train : Classe.......... ❑ Fumeur ❑ Couloir ❑ Repas à la place
❑ Non fumeur ❑ Fenêtre ❑ Place isolée

Compagnies aériennes préférentielles :....................

Classe : ❑ Touriste ❑ Affaire ❑ 1re classe

Hôtels habituels..

Catégories d'hôtels autorisées ** *** **** ou Chaînes :

Veut-il contracter des assurances particulières ?

Utilisation de voiture de location ?

❑ oui ❑ non

catégorie ?..................... Options demandées.....................

Cie de location.............. N° carte d'abonnement................

Combien ?

Budget :...

Carte de crédit « maison » ? oui ❑ non ❑ n°..........................

3 ▪ Quels sont les papiers officiels obligatoires ?

Qu'emporter ?

Passeport n° : ....

Émis à :......... Date d'expiration :...........

Visa : ❑ oui ❑ non Si oui, délai d'obtention :

Permis de conduire international : ❑ oui ❑ non

Carte de groupe sanguin : ❑ oui ❑ non

Vaccins obligatoires : lesquels

Carnet de vaccination à jour : ❑ oui ❑ non

4 ▪ Quels sont les objectifs du voyage ?

Pourquoi ?

RDV à organiser ou à noter

RDV 1
avec :.................................. date :........... heure :........... lieu :.............
Coordonnées contact :........... sujet :...........

RDV 2
avec :.................................. date :........... heure :........... lieu :.............
Coordonnées contact :........... sujet :...........

RDV 3
avec :.................................. date :........... heure :........... lieu :.............
Coordonnées contact :........... sujet :...........

5 ▪ Quels sont les documents, dossiers ou supports à préparer ?

Quoi ?

Matériel portable :.............................. Cadeaux d'entreprise :............
Documentation sur la société :............ Cartes de visite :.....................
Échantillons :.................................. Autre :.................................

6 ▪ Comment assurer le suivi des affaires pendant son absence ?

Comment ? (pendant son absence)

Où ?............ quand ?......... comment ?......... le joindre......
À qui déléguer ?........... quoi ?........... comment ?...........
Quelles informations types lui transmettre ? :....................................
....
....

7 ▪ Quand allons-nous faire le « débriefing » de retour ?

Quand ? (à son retour)

Prenez un RDV (avant son départ)
Le :............... Heure :............... Lieu :...............
Pendant son absence, préparez votre entretien de retour : synthèse des événements, urgences, courriers, agenda :................................

8 ▪ Observations

....
....
....

▪ Fiche n°2 ▪
Donnez-leur une feuille de route

Elle sera la « feuille de route » du voyageur, mais elle est aussi – pour vous – un outil d'organisation et de contrôle.

Gardez-en une copie pendant son voyage, elle sera utile pour :
- garder les informations disponibles pendant l'absence du voyageur, parer à une éventuelle perte de documents ;
- établir des statistiques, un contrôle budgétaire, ou répondre à tout besoin de traçabilité.

FICHE DE VOYAGE DE M...

N° de passeport*:

Départ le:............... Destination:............... Via:............... N° Vol ou train:...............

Heure de départ:............... Heure d'arrivée (précisez le jour si différent):...............

Retour le:............... Via:............... N° vol ou train:...............

Heure de départ:............... Heure d'arrivée (précisez le jour si différent):...............

Location de voiture

N° de permis de conduire*: Cie:............... N° carte client:.........

1. N° réservation:.............. Prise en charge (lieu, jour, heure):............ dépôt:.......

2. N° réservation:.............. Prise en charge (lieu, jour, heure):......... dépôt:.......

Hébergement

Hôtel:..................... Adresse:..

Nombre de nuits:......... Tél. : .... Réservation du:............au:...........

N° Réservation:......... Arrivée tardive Fax de réservation au n°:............ envoyé le:...............

Agenda

JOUR 1 Date:............ Ville:......................

Heures	Personne visitée/Société	Lieu	Observations (Tel)
....	....	....	....
....	....	....	....

JOUR 2 Date:............ Ville:......................

Heures	Personne visitée/Société	Lieu	Observations (Tel)
....	....	....	....
....	....	....	....
....	....	....	....

Observations:

**En cas de perte ou de vol*

▪ Fiche n°3 ▪ Aidez-vous d'Internet

▪ Compagnies de voyages

S'informer des horaires, effectuer une réservation, acheter un billet...

SNCF: www.sncf.fr
Ratp: www.ratp.fr
Air France: www.airfrance.fr
Air Littoral: www.air-littoral.fr
Aéroports: www.aeroport.fr
ADP (Aéroports de Paris): www.adp.fr
Nouvelles Frontières: www.nouvellesfrontieres.com
Havas Voyages: www.havasvoyages.fr
Look voyages: www.look.fr
Degriftour: www.degriftour.fr
TWA: www.twa.com
British Airways: www.british-airways.com
Air Canada: www.aircanada.ca
United Airlines: www.ual.com
Luftansa: www.luftansa.com
Air Italia: www.alitalia.it
Air Iberia: www.iberia.es

▪ Informations pratiques et administratives

Préparer son voyage: les jours fériés pays par pays, les formalités administratives, les décalages horaires, la météo, les taux de change, etc.

Jours fériés: www.jours-feries.com
Centre Français du Commerce Extérieur (CFCE): www.cfce.fr
Diplomatie: www.dfae.diplomatie.fr/voyageurs/etrangers/avis/conseils/
Représentations diplomatiques et consulaires françaises à l'étranger: www.expatries.org
La douane: www.finances.gouv.fr/DGDDI/
Hôtel guide: www.hotelguide.com/
L'horloge parlante: www.horlogeparlante.com
La chaîne météo: www.lachainemeteo.com
Météo France: www.meteo.fr
Conseils aux voyageurs, vaccinations: www.medisite.fr/voyages

▪ Locations de voitures

Obtenir les coordonnées des agences de votre choix, leurs tarifs et réserver en ligne votre véhicule:

Ada: www.ada-sa.fr
Avis: www.avis.fr
Hertz: www.hertz.fr
Rent a car: www.rentacar.fr
Europcar: www.europcar.fr
Sixt: www.sixt.com (voitures de luxe)

▪ Itinéraires routiers et état du trafic

Mappy: www.mappy.fr
Maporama: www.maporama.com
Bison futé: www.bison-fute.equipement.gouv.fr
Sytadin: www.sytadin.tm.fr

▪ Grandes villes

Toute l'information pratique et utile sur les grandes villes françaises et européennes : plans, informations touristiques, etc.

Quelques grandes villes françaises:	Quelques capitales européennes:
Paris: www.parisavenue.fr	Amsterdam: www.amsterdam.nl
Lyon-Grenoble: www.alea.fr	Dublin: www.softguide-dublin.com
Marseille: www.mairie-marseille.fr	Madrid: www.madrid.com
Bordeaux: www.mairie-bordeaux.fr	Berlin: www.berlin.de/home/English/
Lille: www.lechti.com	Rome: www.timeout.com/rome
Montpellier: www.ville-montpellier.fr	Londres: www.londontown.com
Nantes: www.mairie-nantes.fr	Bruxelles: www.brussels-online.be
Strasbourg: www.mairie-strasbourg.fr	
Toulouse: www.netvizion.fr	

Trouver des informations sur d'autres villes dans le monde :
ADMINET : des ressources par pays du monde, villes, gouvernements, parlements... :
www.adminet.com/world/
NATIONS ONLINE : multiples informations et liens sur tous les pays du monde :
www.nationsonline.org/

▪ Hôtels

Rechercher un hôtel en France ou dans le monde grâce aux annuaires ou consulter le site des principales chaînes d'hôtels.

Ini: www.ini.fr	Logis de France: www.logis-de-france.fr
Annuaire des hôtels de France: www.hotel-france.com	Relais et châteaux: www.relaischateaux.fr
Annuaire des hôtels dans le monde: fr.ase.net	Hôtel guide: www.hotelguide.com
Campanile: www.campanile.fr	Hilton: www.hilton.com
Climat de France: www.hotelscie.fr/climatdefrance	Accor: www.accor.com
Ibis: www.ibis.tm.fr	Six continents: www.sixcontinentshotels.com

▪ Restaurants

Eat in Paris: www.eatinparis.com
Le petit futé: www.petitfute.com
Au restaurant: www.aurestaurant.com

▪ Taxis

Taxis G7: www.g7.fr
France taxis: www.francetaxis.com
E-taxis: www.e-taxi.org
Les taxis bleus: www.taxis-bleus.com
Les taxis Lefevre: www.chez.com/taxilefevre

▪ Activités culturelles/sortir

Le pariscope: www.pariscope.fr
Le petit futé: www.petitfute.com
Webcity: www.webcity.fr
Nouba: www.nouba.voila.fr
Ticketnet: www.ticketnet.fr
Allo ciné: www.allocine.fr
Théâtre on line: www.theatreonline.com

■ Fiche n°4 ■ Définissez des moyens de liaison

■ Communiquez pendant le voyage avec la fiche navette

Avant le départ de vos managers, définissez avec eux la façon dont vous communiquerez :

- ❑ Téléphone : Qui appelle ? Quand ? (tenez compte des décalages horaires)
- ❑ Fax
- ❑ E-mail

Vous pouvez utiliser différents moyens de communication et ceci en fonction de l'urgence de l'information à communiquer. Définissez-les clairement avant leur départ.
La **fiche navette**, c'est le support de communication entre vous et le voyageur.

Quel bénéfice en tirerez-vous ?

- Traçabilité des messages : ils sont écrits sur des feuilles datées. Après utilisation, vous pourrez classer et garder ces fiches…
- Signalisation : pour être plus visibles, créez ces fiches sur du papier de couleur (jaune ?).
- Gain de temps pour faire le point avec votre patron : tout y est noté (pas de risque d'oubli) et, lors des communications pendant son voyage, vous pouvez y inscrire directement les réponses ou suites à donner. Ces fiches vous permettront également de faire la synthèse de ce qui s'est passé pendant son absence afin de préparer le débriefing du retour.

Comment l'utiliser ?

- Utilisez-la quel que soit le moyen de communication choisi (téléphone, fax, e-mail).
- Inscrivez les messages (informations ou questions) reçus pendant l'absence du destinataire.
- Notez les suites à donner qu'il vous précisera ou celles que vous avez données.

Date:………………… De:……………………	À:…………………………
QUESTIONS/ INFORMATIONS	**SUITES À DONNER/ OU DONNÉES**
1.	
2.	
3.	
4.	
5.	
6.	

▪ Préparez une synthèse des faits marquants pendant son absence

À son retour, allez à l'essentiel !

❑ Repartez de vos fiches navettes, éliminez l'inutile ou le peu important
❑ Structurez vos informations en trois catégories :

1. Pour action (par ordre d'urgence)
Ce qu'il faut qu'il fasse, là, maintenant, qui ne peut être différé (rassemblez tous les éléments nécessaires : dossiers, notes de synthèse, éléments de réponse...)

2. Pour mémoire
Il s'agit du résumé de ce que vous lui avez transmis et des suites réglées que vous y avez apportées.

3. Pour information
Ce sont des « brèves » que vous ne lui avez pas transmises et qui ne nécessitent pas d'actions particulières.

Profitez-en pour faire le point avec lui sur :

Ce qui n'a pas bien fonctionné ?
❑...
❑...

Ce qui pourrait être amélioré ?
❑...
❑...

Mettez à jour votre base de données « voyage » (carnet d'adresses) :
❑...
❑...

Prenez, dès maintenant, les dispositions nécessaires pour améliorer le voyage suivant :
❑...
❑...

5 ■ Travailler en équipe

80 % des assistantes travaillent aujourd'hui en équipe. L'organisation la plus fréquente est une assistante pour trois à sept managers, voire davantage. Souvent, elles partagent un même bureau. Mais rares sont celles qui travaillent vraiment en équipe.
Car toute la différence est là : travailler « dans » une équipe ou travailler « en » équipe*.

Dans un cas, on est face à ses forces, mais aussi à ses faiblesses ; dans l'autre on joue sur la complémentarité en s'appuyant et en s'enrichissant des forces et de l'expertise de chacun.

* Drucker P. : *Au-delà du management*, Éditions Dunod, 1993.

Voici sept fiches pratiques :

1 ▪ Ayez l'esprit d'équipe.
2 ▪ Mesurez la performance de votre équipe d'assistantes.
3 ▪ Améliorez votre BOA (Boîte à Outils des Assistantes).
4 ▪ Faites de la messagerie électronique un outil d'équipe performant.
5 ▪ Exploitez au maximum l'agenda électronique.
6 ▪ Gérez vos absences.
7 ▪ Créez la Biblonette de votre service.

▪ Fiche n°1 ▪ Ayez l'esprit d'équipe

Dans nos sociétés, personne ne travaille en solitaire. Nous avons tous besoin les uns des autres à un moment donné. Mais nous aimons plus ou moins travailler « en » équipe. Souvent les assistantes craignent :

- de ne pas être reconnues à leur juste valeur… individuellement ;
- d'être considérées comme des pions interchangeables.

Chacune est convaincue qu'un travail d'équipe est plus performant, mais la difficulté est d'accepter la différence de l'autre qui pourtant enrichit chacun.

Alors, quelles sont les conditions de réussite du travail « en » équipe ? Ces conditions sont-elles remplies dans votre équipe ?

LES CONDITIONS	SONT-ELLES REMPLIES?
1 • Connaître l'objectif visé • Du service. • Du poste que vous occupez. • De la mission qui vous est confiée à un moment donné au sein de l'équipe.	
NB: C'est ce qui donne du sens à votre action individuelle et collective.	
2 • Comprendre l'objectif et l'accepter	
NB: C'est accepter l'objectif et les règles du jeu. Et s'ils ne vous conviennent pas, à vous d'en faire accepter d'autres ou de vous rallier. Sans cela, il est impossible d'aller dans le même sens: chacun tire à hue et à dia; l'objectif ne sera pas atteint.	
3 • Savoir qui fait quoi? • C'est avoir une vue claire de la répartition des tâches et des responsabilités entre les membres de l'équipe; mais aussi des possibilités et des limites de chacun. • C'est savoir qui régule, qui décide.	
NB: Si tel n'est pas le cas, inutile de « ronchonner » dans votre coin. N'attendez pas qu'on vous précise qui fait quoi… si ce n'est pas clair. Posez la question. Ayez des exemples précis, des suggestions éventuelles.	
4 • Connaître les moyens disponibles C'est connaître et s'informer sur les procédures, les personnes ressources.	
NB: S'ils sont insuffisants, à vous de contribuer à l'amélioration des moyens mis à disposition.	
5 • Avoir un feed-back sur son action C'est valider que ce qu'on fait va dans le sens voulu.	
NB : Si vous ne recevez pas de feed-back, ou pas assez souvent à votre gré, demandez-en!	

À la lumière de ces grands principes, que décidez-vous de faire pour développer votre esprit d'équipe ?

▪ Fiche n°2 ▪ Mesurez la performance de votre équipe d'assistantes

Une équipe d'assistantes est d'autant plus performante :

- qu'elle est polyvalente pour faire face aux surcharges de travail, aux absences prévues ou imprévues ;
- et qu'elle dispose de vrais experts capables de remplir des missions spécifiques et de faire progresser l'ensemble de l'équipe.

Comment vous situez-vous ? Mesurez dès maintenant les forces et les faiblesses de votre équipe d'assistantes en remplissant ce tableau ensemble.

Pour chaque mission confiée à l'équipe, indiquez un degré d'expertise et de motivation pour chacun des coéquipiers.

- Demandez-vous si la polyvalence est suffisante pour que votre équipe reste efficace quelles que soient les circonstances.
- Repérez vos experts. Sur qui pouvez-vous vous appuyer ? L'expertise est-elle suffisante par rapport aux besoins ?
- Proposez à vos managers une nouvelle répartition des tâches tenant compte davantage de la compétence et des goûts de chacun, si cela s'avère utile.
- Profitez-en pour mesurer votre propre performance (P) et votre degré de motivation (M). (P et M se calculent en additionnant tous les points attribués à chaque coéquipier dans la colonne expertise ou motivation.)
- Tirez-en les conclusions qui s'imposent (voir exemples après le tableau)

Symbole	Degré d'expertise	Points
	Pas de compétence	0
	Compétence partielle	0,5
	Compétence complète	1

Symbole	Aime	Points
	Pas du tout	0
	Un peu	0,5
	Beaucoup	1

Activités / Coéquipiers	Degré d'expertise				Indice polyvalence	Motivation/Goût				Indice Goût
	A	B	C	D	Équipe Maximum 4	A	B	C	D	Équipe
Maîtrise logiciel ▪ Word	0,5	1	0,5	1	3	0,5	1	1	1	3,5
▪ Excel	0,5	0	0	1	1,5					
▪ Powerpoint	1	0,5	0,5	0	2					
Mise en page de documents	1	1	0,5	0,5	3					
Orthographe / relecture documents	1	0,5	0,5	0,5	2,5	1	0,5	0	0	1,5
Classement	1	1	1	1	4	1	0	1	0	2
Organisation réunions	0	1	0	0	1					
Prise de messages téléphoniques	1	0,5	1	0,5	3					
Relances téléphoniques	1	0	0	0	1			Etc.		
Organisation voyages, déplacements	0,5	1	1	0	2,5					
Comptes rendus réunions	1	0	0	0	1					
Interface clients internes / externes	1	1	1	1	4					
Suivi budgétaire	0	0	0	1	1					
Recherche circulation info interne	0,5	0	0	0	1					
Organisation	1	0,5	1	0,5	3					
Capacité à négocier	1	1	0,5	0	2,5					
Capacité à trouver des solutions etc.	1	0,5	0,5	0,5	2,5					
Indice performance individuelle	P= 13	P= 10	P= 8	P= 7,5		M=	M=	M=	M=	

Dans notre exemple, A est la plus polyvalente et celle qui a le plus d'expertise. D est la moins polyvalente, mais elle a une bonne expertise dans un certain nombre de domaines. Il faut alors voir – activité par activité – si la compétence de l'équipe est suffisante par rapport aux besoins.

▪ Par exemple :

Maîtrise de word : L'équipe a deux experts : B et D et deux compétences moyennes : A et C. L'indice de polyvalence 3/4 maximum est suffisant. Tout le monde sait utiliser Word et certaines sont excellentes… Quant à C, si elle a encore des lacunes, en revanche elle a du goût pour cette mission et ne demande qu'à se perfectionner. Les experts pourront l'aider.

Orthographe et relecture de documents : La situation est plus gênante. Nous n'avons qu'un expert A, et en son absence, notre équipe ne sera pas bonne. Il faut renforcer sa compétence et choisir l'assistante qui a le plus envie d'avancer : ici B.

Classement : Nous avons quatre experts (c'est rare, le stage classement suivi par l'équipe a été profitable) : A et C ont du goût pour cette activité, B et D pas du tout. C'est peut-être l'occasion de repenser la répartition des tâches au sein de l'équipe. En effet, s'il est commode de partager les corvées pour les alléger, il est important de se spécialiser en tenant compte des goûts de chacun, dès l'instant où il y a une bonne polyvalence.

Proposez à votre équipe de remplir ce tableau en l'adaptant à votre contexte. Vous verrez, c'est un formidable outil pour :

- se donner des « signes de reconnaissance », ce que les Américains appellent des « strokes positifs » : chacun reconnaît la compétence des autres en la nommant ;
- gérer son évolution professionnelle ;
- accroître la performance de l'équipe tout entière si on décide de s'en donner les moyens.

■ Fiche n°3 ■ Améliorez votre BOA (Boîte à Outils des Assistantes)

Outils	Pour quoi faire?	J'ai O/N	Réf. fiche pratique
Chemise liaison (1) et fiche navette (2) *(1) Document d'échange entre le(s) manager(s) et vous.* *(2) Fiche synthèse reprenant les questions et les suites à donner ou données.*	• Ne pas déranger. • Obtenir des réponses à ses questions. • Maintenir la circulation d'informations même lorsque son manager n'est pas là. • Avoir toutes les informations importantes sur une question ou un dossier.		Cf. p. 40
Plan de classement triple accès *Document qui mentionne tous les dossiers que vous possédez et en indique l'adresse.*	• Accéder facilement aux dossiers. • Ranger facilement les dossiers. • Ne plus être indispensable aux utilisateurs des dossiers.		Cf. p. 114
Check-list (réunion, voyage, etc.) *Liste qui pointe un ensemble d'éléments à mettre en œuvre ou à ne pas oublier dans le cadre d'une tâche (ex: check-list pour la préparation de réunion.)*	• Faciliter la réalisation de la tâche. • Ne rien oublier.		Cf. p. 30
Formulaire de prise de notes *Support à la prise de notes dans les réunions en vue de compte rendu.*	• Développer sa capacité d'écoute et de compréhension. • Faciliter son travail de restitution des informations et de rédaction de son compte rendu.		Cf. p. 132
Charte graphique *Modèle de document dont la mise en page est prédéfinie. (ex: fax, lettre, etc.).*	• Faciliter la production de documents. • Homogénéiser les documents.		–
Échéancier *Parapheur avec intercalaires datées qui regroupe ce qu'il y a à faire à une date donnée.*	• Préparer les documents pour chaque jour du mois en cours. • Planifier ses activités du mois.		–
Base de données *Collection de données informatisées sur un sujet donné (ex: base commerciale).*	• Disposer de l'information utile en temps réel. • Exploiter l'information sous différentes formes par un système de mots-clés. • Capitaliser l'information pour l'avenir.		–

Outils	Pour quoi faire?	J'ai O/N	Réf. fiche pratique
Agenda électronique *Outil électronique relatif au temps et à la durée qui permet de gérer le temps.*	• Planifier ses événements importants (RTT, formations, etc.) et définir des rappels automatiques de ces différentes activités. • Avoir une vision à court ou long terme de ses activités (journée, semaine, mois). • Connaître les disponibilités des personnes (en interne) que l'on souhaite rencontrer ou convier à une réunion. • Organiser facilement une réunion entre plusieurs personnes en interne.		Cf. p. 22, 51
Planificateur de tâche Outil qui mémorise toutes les tâches à réaliser en y annotant toutes les informations utiles (durée, lieu, degré d'importance, etc.)	• Regrouper en un même lieu tout ce que vous devez faire à court, moyen et long terme. • Programmer des alarmes automatiques. • Avoir une vision à court ou long terme de ce que vous devez faire ou qu'il vous reste à faire. • Assigner et déléguer des tâches à d'autres personnes et être informée de l'état d'avancement.		Cf. p. 22
Biblonette *Ensemble des procédures de vos principales tâches (accueil, classement, réunion, etc.) mises en ligne sur l'Intranet de votre organisation.*	• Disposer de l'information utile à tous les secrétariats ou liée à l'activité du service. • Renforcer la cohésion entre les assistantes. • Harmoniser les pratiques entre les différents secrétariats.		Cf. p. 55

▪ Fiche n°4 ▪ Faites de la messagerie électronique un outil d'équipe performant

La messagerie est de plus en plus utilisée. Elle tend à devenir l'outil de communication numéro 1 et à supplanter le téléphone de par les nombreux avantages qu'elle présente : convivialité et simplicité d'utilisation, gain de temps (le document est délivré en quelques secondes), gain d'énergie (les listes de diffusion vous permettent d'envoyer le même document à plusieurs personnes à la fois).

Attention toutefois, si :

- vos correspondants ne travaillent pas en continu sur leur ordinateur,
- vos correspondants ne consultent pas leur messagerie régulièrement,
- vous souhaitez une réponse immédiatement,

vous devrez choisir un autre outil que le courrier électronique pour communiquer avec votre équipe.

Si la messagerie est très appréciée autour de vous et qu'elle est devenue l'outil de communication de votre service, voici quelques principes qui vous aideront à mieux travailler avec elle. Attention, pensez à communiquer ces consignes à votre équipe, sinon elles seront beaucoup moins efficaces.

1 ▪ Favorisez la lecture rapide des messages

- Respectez les principes de base tels que nous les verrons dans la fiche 2 du chapitre IV p. 127.
- Lorsque c'est possible, utilisez les « smileys » pour donner un ton à votre message. Les smileys sont des petites figurines imagées. Pour lire un smiley, il suffit de pencher la tête sur le côté gauche, et de deviner un visage généralement constitué d'yeux, parfois d'un nez, et d'une bouche.
  Exemples :
  :-) Je suis contente :- (Je suis triste
  :- ((Je suis très triste ;-) Je plaisante…
- Écrivez les messages courts directement dans l'objet. Ex : *j'aurai 15 mn de retard à la réunion. L'étoile * indique que le message complet se trouve dans la zone « Objet ». Le destinataire n'aura donc pas à ouvrir le message.
- Utilisez les boutons de vote pour créer des options de réponses de type oui/non (uniquement sous Microsoft Outlook).
  - Cliquez sur les options du message et cochez la case *Utiliser les boutons de vote.*
  - Choisissez l'une des trois possibilités offertes ou saisissez directement vos choix séparés par des points virgules (;)

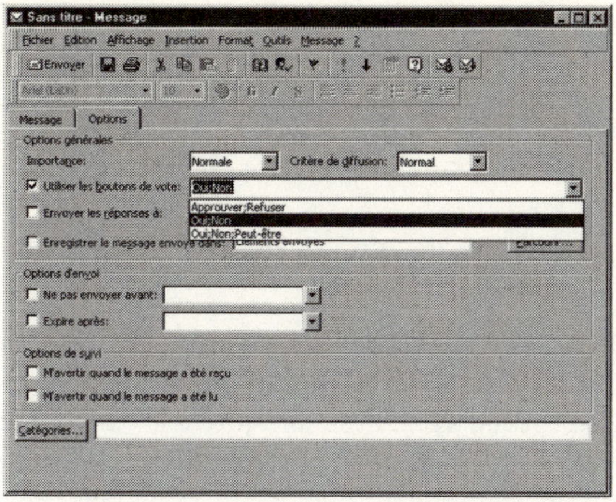

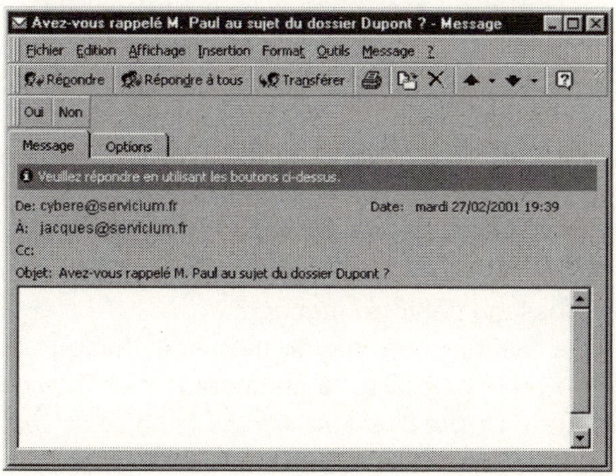

Bouton de réponse pour le correspondant

- Donnez la réponse à côté ou en dessous de la question et faites-la ressortir par un signe distinctif (ex : couleur différente).
- Utilisez la fiche téléphonique de Lotus Notes en cliquant sur le menu *Création*, *Spécial* puis *Message téléphonique*.

2 ▪ Précisez toujours le degré d'urgence et le caractère important

- Mentionnez le « ! » pour les messages importants.
- Spécifiez l'échéance directement dans l'objet (ex : Réponse attendue avant midi).
- Annotez le message d'indications : Pour info, à lire, répondre avant le, etc.

  Sous Microsoft Outlook

  - Cliquez dans les options du message.
  - Effectuez la commande *Actions/Indicateur de message*, puis sélectionnez le critère de votre choix : privé, pour info, etc.

Sous Lotus Notes 5.0

- Cliquez dans les options de distributions de votre message, puis sur l'onglet *Avancées* et sélectionnez l'option de votre choix dans le champ *Administration du flux de travail.*

3 ▪ Maintenez la circulation d'informations

- Mettez en copie toutes les personnes pour qui l'information a du sens. Attention, trop d'informations nuit à l'information, alors ne mettez en copie que les personnes concernées et demandez à être retirée des listes lorsque cela ne vous concerne pas.
- Orientez automatiquement les réponses vers la personne qui aura à les traiter.

  Sous Microsoft Outlook

  Dans les options du message, cliquez sur *Envoyer les réponses à*, puis sur *Sélectionner des noms* pour identifier la personne à qui vous souhaitez que les réponses soient retournées.

  Sous Lotus Notes 5.0 uniquement

  Cliquez sur les *Options de distribution*, puis sur l'onglet *Avancées* et spécifiez à qui les réponses du mémo doivent être adressées.
- Demandez à être avertie automatiquement de tous les messages importants. Grâce à Microsoft Outlook, un message visuel et/ou un bip sonore vous signalera que vous venez de recevoir un message de votre manager.

  Il vous faut pour cela définir une règle de message : lorsque vous recevrez un message de M. Paul, une boîte de dialogue affichera le message que vous aurez rédigé.
  - Lancez la commande *Outils/Gestionnaire de la boîte de réception.*
  - Cliquez sur le bouton *Ajouter une règle.*
  - Dans la fenêtre qui s'ouvre cliquez sur le bouton *De* pour identifier l'expéditeur (ex : M. Paul).
  - Puis cliquez sur *Alerter avec*, puis sur le bouton *Action* pour spécifier le message qui s'affichera à l'écran dès réception de tous les messages de M. Paul.

▪ Fiche n°5 ▪ Exploitez au maximum l'agenda électronique

Vous l'avez compris, pour profiter des avantages de l'agenda électronique, il faut que tout le monde joue le jeu.

Tout d'abord, ne cédez pas aux mauvaises croyances !

- Seules les personnes à qui vous avez délégué votre agenda ont connaissance de votre emploi du temps dans le moindre détail ; les autres personnes n'ont accès qu'à vos périodes de disponibilités. Attention : si vous possédez Lotus Notes, renseignez-vous auprès de votre responsable informatique pour connaître la politique de votre entreprise en matière de visualisation d'agenda.
- Il est possible d'inscrire des rendez-vous personnels (ex : dentiste, réunion de parents d'élèves, etc.) ou des événements privés dans votre agenda (ex : un anniversaire) et de les masquer aux yeux de tous.
- L'agenda est un réel gain de temps même s'il est un peu plus long et fastidieux (au départ) de saisir les informations dans votre agenda électronique (en réseau ou personnel).

Soyez rigoureuse !

- Notez dans votre agenda tous les rendez-vous, événements, etc., en n'omettant pas de préciser votre disponibilité à ce moment-là ;
- Programmez l'alarme pour que l'agenda rappelle automatiquement vos rendez-vous, réunions et choisissez le délai ;
- Définissez à l'avance et en un clic tous les rendez-vous et réunions qui se tiennent de manière régulière et répétitive ;
- Masquez les événements privés afin que ceux-ci restent invisibles pour vos interlocuteurs. Cochez *Privé* sous Microsoft Outlook ou *Masquer aux utilisateurs* sous Lotus Notes ;
- Persuadez les membres de votre équipe d'utiliser leur agenda afin d'organiser des réunions facilement et rapidement.

Gérez au mieux les agendas de votre équipe

- Définissez avec chaque membre de votre équipe, les réunions auxquelles leur participation a un sens véritable ;
- Bloquez sur leurs agendas des périodes de travail personnel durant lesquelles aucune réunion ne sera acceptée. Ils pourront ainsi avancer sur leurs dossiers personnels, répondre à leur courrier, etc.
- Imprimez leur emploi du temps (hebdomadaire, mensuel ou autre) et ajoutez-y les tâches à réaliser ;
- Incitez-les, si possible, à s'équiper d'un agenda personnel (Palm, Visor...) de manière à pouvoir transférer ce que vous avez sur leur agenda et ce qu'ils ont sur le leur. Ainsi, chacun disposera d'une version à jour et vous éviterez de programmer des rendez-vous « doublons » ;
- Si votre équipe est nomade, établissez l'agenda de groupe (uniquement sous Lotus Notes 5.0) ;
  Pour créer un agenda de groupe, cliquez dans le dossier *Agendas de groupe*, puis sur *Nouvel agenda de groupe*. Nommez le groupe, puis indiquez le nom des membres dans la zone du même nom. Pour l'ouvrir, vous n'aurez qu'à cliquer dans le dossier sur l'agenda du groupe voulu.
- Enfin, faites le point régulièrement, surtout au départ, pour ajuster le mode de collaboration (qu'est-ce qui fonctionne ? Qu'est-ce qui ne fonctionne pas ? Comment peut-on mieux travailler ensemble ? Quelles sont les améliorations/solutions possibles à mettre en œuvre ? etc.).

▪ Fiche n°6 ▪ Gérez vos absences

Demain vous ne serez pas au bureau. Vous êtes en vacances pour une semaine. Ne partez pas si vite ! Gérez votre absence et organisez votre retour.

Programmez un message spécifique pour votre boîte vocale

- Vous préciserez qui appeler pendant votre absence, à quel numéro et indiquerez votre date de retour.

Gérez vos messages électroniques

- Structurez votre boîte de réception en créant des dossiers et en archivant tout ce que vous souhaitez conserver.
- Rédigez un message automatique qui signalera votre absence à tous vos correspondants et définissez, par des règles de classement automatiques, ce qu'il arrivera à vos messages durant votre absence. Ainsi, à votre retour, tous les messages reçus de M. Durant seront classés dans le dossier *Sibelle ;* ceux définis comme importants, dans le dossier *Prioritaire*, etc.

Sous Outlook

- À partir de la boîte de réception d'Outlook, effectuez la commande *Outils/Gestionnaire d'absence du bureau* ;
- Pour définir ce que doit devenir votre courrier en votre absence, cliquez sur le bouton *Ajouter une règle ;*
- Il vous suffit maintenant de cocher la case précisant votre absence du bureau et de saisir le texte qui sera envoyé automatiquement à chaque expéditeur de message. Vous pouvez activer/désactiver cette réponse automatique ou en modifier le texte autant de fois que vous le souhaitez…

Sous Lotus Notes 5.0

Toutes les règles que vous définissez sont listées dans le dossier *Règles* de la base courrier.

- Effectuez la commande *Actions/Outils de messagerie/Notifier une absence ;*
- Identifiez la durée de l'absence dont tiendra compte la messagerie pour l'application des règles ;
- Définissez le texte du message qui signifiera votre absence à la majorité des personnes, et/ou les messages personnels pour certaines ;
- Indiquez les personnes à qui Lotus Notes ne doit pas répondre ;
- Cliquez sur *Activer* pour l'application des règles.

Déléguez votre messagerie

Sous Microsoft Outlook

- Vérifiez que toute votre boîte aux lettres est stockée sur le serveur (elle pourrait être uniquement sur votre poste). Pour ce faire, lancez la commande *Outils/Services*. Dans l'onglet *Remise*, le courrier doit pour cela être remis dans « Boîte aux lettres – votre nom ». Si ce n'est pas le cas, sélectionnez-le dans le menu déroulant.
- Pour déléguer votre messagerie, effectuez la commande *Outils/Options*. Dans l'onglet *Délégués*, cliquez sur *Ajouter* pour identifier les personnes. Cliquez sur chaque nom, puis sur le bouton *Permission* pour leur octroyer leurs droits.
- Pour accéder à la messagerie déléguée, lancez la commande *Fichier/Ouvrir un dossier spécial/Dossier Exchange serveur*. Dans la fenêtre qui apparaît identifiez la personne et ce que vous souhaitez consulter, puis cliquez sur *OK*.
- De retour au bureau, rebasculez votre messagerie uniquement sur votre poste pour éviter d'occuper trop de place sur le serveur de messagerie de votre entreprise par la commande *Outils/Services*. Dans l'onglet *Remise*, remettez sur *Dossier personnel* plutôt que sur « Boîte aux lettres – votre nom ».

Sous Lotus Notes

- Pour déléguer votre messagerie, effectuez la commande *Outils/Préférences/Onglet profil de délégation* et spécifiez les personnes déléguées et les droits que vous leur octroyez.
- Pour accéder à la messagerie déléguée, lancez la commande *Fichier/Base de données/Ouvrir* et sélectionnez la base courrier de la personne. Une icône vers la base de courrier se place alors dans votre environnement de travail.

Passez le relais pour tout ce qui devra être traité

Sachez déléguer pour ne pas tout avoir à traiter à votre retour. Pour que le relais se fasse dans de bonnes conditions, vous devez :

- Transmettre des consignes claires aux personnes que vous avez mandatées pour qu'elles sachent comment traiter les affaires en cours ;
- Disposer de dossiers à jour et accessibles ;
- Donner tous les outils de travail qui permettront à votre remplaçante d'être efficace : votre bible du secrétariat, les numéros de téléphone essentiels, les tâches à réaliser (ex : commande de fournitures avant le...) ;
- Prévoir un temps pour ce transfert d'informations ;
- Si possible, dès votre retour, faire le point avec la personne désignée sur les actions menées.

■ Fiche n°7 ■ Créez la Biblonette de votre service

La bible classique du secrétariat devient Bible'on'net (biblonette) dès lors qu'on la met sur le réseau. Ce guide pratique reprend dans le détail toutes les tâches que vous exécutez le plus souvent, donne toutes les étapes de leur réalisation. Par exemple, on retrouve à la lettre C la procédure sur le courrier arrivé et départ : quand et où il est acheminé, quelle est la limite horaire et le lieu de dépôt du courrier départ, etc. Pour être utile, la biblonette doit être mise à jour régulièrement.

Pour vous, secrétaires et assistantes, la biblonette peut également servir à :

- Rendre accessibles à votre équipe toutes les informations utiles, même lorsque vous êtes absente ou indisponible ;
- Faciliter l'intégration et l'opérationnalité immédiate d'une nouvelle secrétaire ou assistante (création de poste, intérim, mobilité) ;
- Homogénéiser les pratiques entre les secrétariats ;
- Enrichir vos savoirs et savoir-faire par la mise en commun des meilleures pratiques ;
- Créer la synergie entre vous toutes et renforcer l'appartenance au métier ;
- Affiner votre expertise grâce au partage des informations.

Les étapes de réalisation

Motivez et argumentez auprès du décideur

Identifiez qui est décideur et montrez-lui que votre projet est bien construit en précisant :

- Le pourquoi du projet.
- Une explication claire de qui seront les futurs utilisateurs.
- Les informations qu'il sera possible d'y trouver.
- L'intérêt que les personnes pourront avoir à sa consultation.
- Les étapes de réalisation et le plan d'action.

Négociez du temps

Il est en effet indispensable que votre manager s'engage à vous laisser du temps pour piloter le projet, c'est-à-dire pour créer la biblonette au départ, mais aussi pour la faire vivre et l'alimenter par la suite... En effet, pour qu'elle soit utile, l'information devra toujours être à jour (le responsable informatique est remplacé, la procédure de remboursement des frais a changé : cela doit être modifié).

Constituez un groupe de projet et préparez l'action

- Motivez vos collègues pour vous aider dans votre mission. À plusieurs, on est plus efficaces, plus rapides et plus créatives ;
- Essayez de vous faire accompagner par une personne qui aurait déjà vécu l'expérience ;
- Impliquez le service informatique pour anticiper les aspects techniques de la mise en place de votre projet.

Identifiez et collectez les informations à partager sur le réseau

Pour ce faire, relevez vos activités durant une période définie et recensez les besoins des utilisateurs. Les éléments ainsi recueillis vous indiqueront tout naturellement ce que doit contenir votre Biblonette, à savoir :

- Les informations utiles au secrétariat : les procédures et règlements (réservation parking, fonctionnement du courrier, demandes de reprographie, archivage, etc.), les règles d'utilisation et fonctionnalités des différents outils (téléphone, e-mail, impression, base de données, etc.), les plans des locaux, la liste de téléphone, télécopie, e-mail, etc.
- Les informations spécifiques liées à l'activité des services : lexique des termes, sigles, trombinoscope des assistantes et des équipes, répertoire alphabétique de chaque service, etc.
- Les données pour renforcer la cohésion entre vous toutes et harmoniser vos pratiques : les formulaires et modèles de documents (demande de remboursement de frais, formulaire reprographie, modèles de lettre en anglais, demande de fournitures de bureau, etc.).

Structurez l'information

- Regroupez les informations recueillies par l'ensemble du groupe et structurez-les dans des dossiers et sous-dossiers qui représentent en fait les rubriques de votre Intranet.
- Validez auprès de toutes vos collègues la structuration des informations.

Mettez en ligne les informations

La solution la plus simple consiste à créer votre biblonette avec votre logiciel Word.

- Lancez Word et enregistrez votre page au format html. Il suffit pour cela d'enregistrer vos documents sous le format html dans le menu « type de fichier ».
- Insérez des liens hypertextes grâce auxquels vos utilisateurs navigueront entre les différentes pages de votre site ; toutes les rubriques doivent être ainsi directement accessibles depuis votre page d'accueil.

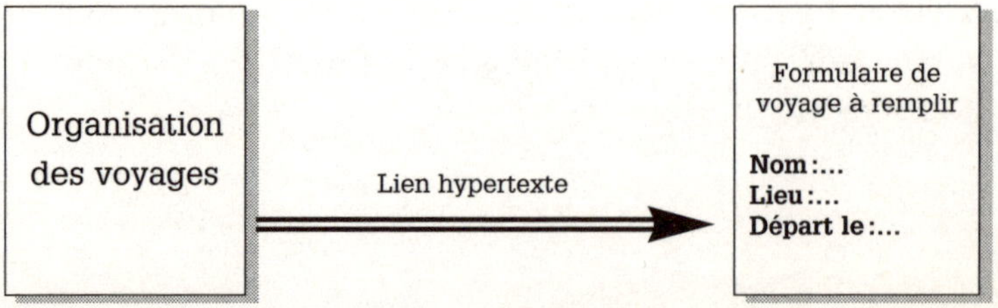

Si votre société dispose d'un Intranet, demandez à suivre une formation sur un des éditeurs html (Frontpage, Dreamweaver, etc.). Ces logiciels offrent de plus amples possibilités.

Faites savoir que le site existe et enrichissez-le

Il ne suffit pas de créer un site riche d'informations en tout genre ou attractif, encore faut-il qu'il soit connu et utilisé par tous…

- Informez vos utilisateurs de la mise en ligne de votre site (journal d'entreprise, courrier électronique, etc.) et donnez-leur envie d'aller le visiter.
- Vérifiez régulièrement que les informations sont à jour et enrichissez-le.
- À chaque modification importante, pensez à en informer les utilisateurs par une rubrique « nouveautés » ou directement sur la page d'accueil…

Chapitre II

■ Développer son potentiel de communication

1 ■ Communiquer efficacement

« Tout est communication ! »

Et rappelons-nous deux choses :

- Ce que nous avons communiqué... c'est finalement ce que l'autre a compris.
- Dans une situation de communication, celui qui a le plus d'options et de flexibilité est celui qui a le plus d'atouts de réussite.

Voici dix fiches pratiques :

1 ▪ Préparez-vous à bien communiquer.
2 ▪ Pratiquez l'écoute active.
3 ▪ Choisissez une stratégie de questionnement.
4 ▪ Apprenez à reformuler.
5 ▪ Maîtrisez votre vocabulaire.
6 ▪ Ayez de la méthode pour convaincre.
7 ▪ Sachez ouvrir la porte de la négociation.
8 ▪ Sachez dire non.
9 ▪ Sachez répondre à une attaque verbale justifiée ou non.
10 ▪ Sachez vous relaxer pour mieux gérer votre stress.

▪ Fiche n°1 ▪ Préparez-vous à bien communiquer

Voici quelques recommandations à relire chaque fois que vous aurez rencontré un problème.

1 ▪ Pour bien communiquer, descendez l'escalier de la communication

Avant d'échanger
il faut comprendre.

Avant de comprendre
il faut écouter.

Avant d'écouter
il faut observer.

Avant d'observer
il faut se préparer à la différence avec intérêt.

2 ▪ Quand vous avez vécu une situation difficile, demandez-vous :

« Ai-je bien descendu cet escalier de la communication ? »

3 ▪ Rappelez-vous que les obstacles à la communication sont toujours les mêmes

- Nous avons tendance à percevoir ce que notre éducation nous a préparé à voir.
- Nous tentons de voir ce qui correspond à notre préoccupation actuelle.
- Nous sélectionnons ce que nous percevons.
- Nous interprétons ce que nous percevons. En effet, nous avons tendance à projeter nos structures mentales dans la tête des autres, créant ainsi de véritables problèmes de communication et d'interprétation.

4 ▪ N'oubliez jamais que la qualité de nos décisions dépend :

- De la qualité de notre perception des situations (observations).
- De la qualité des hypothèses faites à partir de ce que nous percevons.

Pour penser avec précision et prudence, demandez-vous :

- « Ai-je personnellement observé ce dont je parle ? »
- « Mes énoncés factuels s'en tiennent-ils aux faits observés sans aller au-delà ? »
- « Quand je m'appuie sur des inférences (hypothèses) est-ce que j'en mesure le degré de probabilité ? »
- « Quand je communique avec autrui, est-ce que je prends la peine de présenter les inférences comme telles et d'inviter mes interlocuteurs à faire de même ? »

▪ Fiche n°2 ▪ Pratiquez l'écoute active

Dans les relations humaines, il n'est pas toujours facile de se faire comprendre. L'écoute est un des facteurs essentiels de la compréhension et donc de la communication.

- Écouter… ne veut pas dire être d'accord.
- Écouter… c'est simplement recevoir ce que dit l'autre.
- Écouter… c'est comprendre ce que dit l'autre.
- Mais comprendre l'autre… ne veut pas dire accepter !

Savoir écouter, c'est :

- Écouter… sans rien faire d'autre qu'écouter.
- Écouter… sans penser à ce que l'on va répondre, rétorquer, à l'autre.
- Écouter les mots… mais aussi toute la signification qu'ils ont pour l'interlocuteur.

Écouter, c'est encore :

- Oser dire que l'on n'a pas compris, lorsque c'est le cas.
- Ne pas interrompre l'interlocuteur, laisser le temps nécessaire à la réflexion.
- Rester objectif : ne pas interpréter ce qui se passe, ne pas se projeter.
- S'abstenir de tout comportement ou attitude pouvant gêner la communication (gestes, tics, sourires, mimiques…).
- Créer un climat de confiance, être disponible TOTALEMENT.

Écouter enfin,

- C'est adopter une attitude empathique, c'est-à-dire se mettre à la place de l'autre en restant soi-même.

En conclusion

Comment pensez-vous pouvoir développer votre capacité d'écoute après avoir lu cette fiche ?

▪ Fiche n°3 ▪ Choisissez une stratégie de questionnement

S'exprimer par des questions est une attitude d'ouverture à l'égard d'autrui. Les questions ne sont pas destinées à mettre l'interlocuteur mal à l'aise. Elles doivent au contraire l'encourager et lui faire exprimer plus clairement sa pensée.

À quoi servent les questions ?

- Rechercher une information précise.
- Mener une investigation.
- Amener une décision, une conclusion.

Quel type de questions choisir ?

Cela dépend de la réponse que vous voulez obtenir. Si vous voulez :

- Obtenir des réponses précises, rapides :
  - ➢ Choisissez des questions fermées !
  - ➢ Elles appellent des réponses courtes et précises.
    Exemple : voulez-vous laisser un message (sous-entendu oui ou non) : où ? quand ?
- En savoir plus et obtenir une réponse développée :
  - ➢ Choisissez des questions ouvertes !
  - ➢ Elles appellent une réponse large et longue.
    Exemple : qu'entendez-vous par… ? de quoi s'agit-il ?
- Limiter le champ possible de la réponse :
  - ➢ Choisissez des questions alternatives !
  - ➢ Elles appellent une réponse claire, laissent une impression de liberté de choix et permettent d'avancer vers un accord.
    Exemples : préférez-vous le mardi à 16 h ou le mercredi à 10 h ?
- Influer sur la réponse :
  - ➢ Utilisez des questions interro-négatives ou induites.
  - ➢ Elles induisent la réponse.
    Exemples : vous ne voulez pas… ? Ne pensez-vous pas que… ?

▪ Fiche n°4 ▪ Apprenez à reformuler

Pourquoi ?

La reformulation est une technique qui favorise les échanges et qui permet d'être sur la même longueur d'onde !

En quoi consiste-t-elle ?

Elle consiste à redire ce que l'autre vient de dire, mais en d'autres termes et d'une manière plus concise. Bien entendu, il ne suffit pas de « redire » ce qui vient d'être exprimé, encore faut-il que l'interlocuteur soit d'accord sur la reformulation que vous avancez.

Pour cela, il suffit de commencer sa phrase par :
- Si j'ai bien compris…
- Vous voulez dire que…

et si votre interlocuteur confirme :
- C'est bien ce que j'ai voulu dire.
- Ou, c'est exactement ce que je ressens.

Alors vous pouvez considérer que votre reformulation est bonne et poursuivre votre discussion sur de bonnes bases.

La reformulation peut porter sur trois niveaux :
- Ce qui vient d'être dit clairement – c'est le plus facile à faire.
- Ce qui est sous-entendu – c'est plus délicat, mais cela permet d'aller plus loin.
- Ce qui est exprimé par les mimiques, les postures – il faut alors savoir décoder les comportements non-verbaux.

Pourquoi est-elle essentielle ?

Parce qu'elle permet de :
- Vérifier que l'on a bien compris et de le prouver à son interlocuteur.
- Rectifier une erreur, en cas de déformation ou d'interprétation erronée.
- Exprimer clairement ce qui a pu être dit à demi-mot.
- Bref, elle permet de faire avancer une discussion.

▪ Fiche n°5 ▪ Maîtrisez votre vocabulaire

ÉVITEZ	CHOISISSEZ
Les mots négatifs : ➢ ils inquiètent. • **Risque, peur, danger, souci.**	Les mots positifs : ➢ ils rassurent. • **Succès, réussite, facilité, intérêt.**
Les expressions personnelles : ➢ elles excluent votre interlocuteur. • **Moi** • **Chez nous** • **Je veux que**	Les expressions tournées vers l'autre : ➢ elles prennent l'autre en compte. • **Vous** • **Vos attentes** • **Ce que vous voulez**
Les expressions qui bloquent : • **Vous devez** • **Ce n'est pas notre politique** • **Pas du tout** • **Vous avez tort**	Les expressions alternatives : ➢ elles laissent le choix. • **Voici différentes possibilités…** • **Voici pourquoi nous…** • **Que comptez-vous faire ?**
Les expressions dubitatives : ➢ elles engendrent le doute. • **Je pense** • **Éventuellement** • **Si vous avez l'occasion** • **Je vais essayer**	Les expressions rassurantes : ➢ elles engendrent la confiance. • **Voici ce que nous allons faire** • **Je vous assure** • **Vous pouvez faire** • **Vous obtiendrez**
Les expressions dévalorisantes. ➢ elles donnent une mauvaise image. • **Je ne suis qu'…** • **Cela vous dérangerait-il ?** • **Ce n'est pas moi qui…**	Les expressions « affirmées » : ➢ elles renforcent le professionnalisme. • **Voici ce que je peux faire…** • **Êtes-vous d'accord pour…** • **Voici la raison pour laquelle…**

Fiche n°6
Ayez de la méthode pour convaincre

Appliquez la méthode DESC de Bower. Elle est simple et si vous prenez l'habitude de la mettre en œuvre, vous en sentirez vite tout le bénéfice.
Enseignez-la autour de vous ! Vous réussirez probablement à mieux vous comprendre en l'utilisant ensemble.

Décrire	**Décrivez la situation qui vous préoccupe en restant factuelle.**
	Ex. : « Je suis votre assistante depuis quatre mois et n'ai pas accès à votre agenda. Cela ne me permet pas de répondre de façon pertinente au téléphone en votre absence. »
	NB : Vérifiez bien que vos faits sont exacts et incontestables.
Exprimer	**Exprimez votre ressenti.**
	Cette phase met en avant le vécu personnel qui humanise l'échange.
	Ex. : « Cela me donne le sentiment d'être inefficace et inutile face à mes correspondants. Je ne leur apporte rien de plus qu'une boîte vocale. »
	NB : Attention, distinguez bien les faits incriminés et la personne. Ce n'est pas la personne que vous incriminez, mais son comportement.
Suggérer	**Suggérez à votre interlocuteur de décider ensemble d'une solution.**
	Ex. : « J'aimerais vous proposer un autre mode de collaboration. Par exemple, nous pourrions faire un point quotidien ou je pourrais avoir accès à votre agenda sur Outlook. Qu'en pensez-vous ? »
	NB : À ce stade, rien n'est encore gagné.
Conclure	**Concluez toujours en mettant en avant les conséquences positives des solutions envisagées pour vous, mais surtout pour l'autre.**
	Ex. : « Je pourrai ainsi faire avancer les choses au maximum, vous faire gagner du temps, donner une meilleure image de votre secrétariat et avoir le sentiment de bien faire mon travail. »
	NB : Si votre interlocuteur ne voit pas clairement le bénéfice qu'il peut tirer des solutions proposées, il faut laisser ouverte la porte de la négociation. Vous pourrez aussi mettre en avant les conséquences négatives de la non résolution du problème. (voir fiche n° 7 Sachez ouvrir la porte de la négociation.)

En conclusion, quand vous voulez vraiment convaincre :

- Prenez le temps de préparer votre DESC par écrit.
- Soignez la formulation qui doit être factuelle, positive et sans agressivité.

▪ Fiche n°7 ▪ Sachez ouvrir la porte de la négociation

Quand peut-on parler de négociation ?

Quand une communication est établie entre deux ou plusieurs personnes dont les buts sont apparemment opposés.

La négociation implique la volonté de rechercher un compromis pour qu'il n'y ait pas de perdant. Ce n'est pas chercher un compromis pour faire perdre l'autre.

Comment réussir une négociation ?

Appliquez quelques principes simples !

1 ▪ Avant d'entamer toute négociation, fixez-vous un objectif.
2 ▪ Recueillez le maximum d'informations sur l'autre personne et sur ses positions.
3 ▪ Assurez-vous que la personne avec laquelle vous traitez est en mesure de prendre la décision finale.
4 ▪ Faites-lui admettre qu'il existe un terrain d'entente.

N'oubliez jamais que la négociation n'est pas un long monologue. Ne vous enfermez pas dans « **M**oi et **M**on sujet ».

Pour aboutir à un consensus, intéressez-vous à l'**A**utre en tenant compte de la **S**ituation dans laquelle il est. Demandez-vous toujours :

- Quel bénéfice tirera-t-il lui personnellement de ce que je lui propose ?
- Mes objectifs sont-ils compatibles avec la Situation dans laquelle il est ?

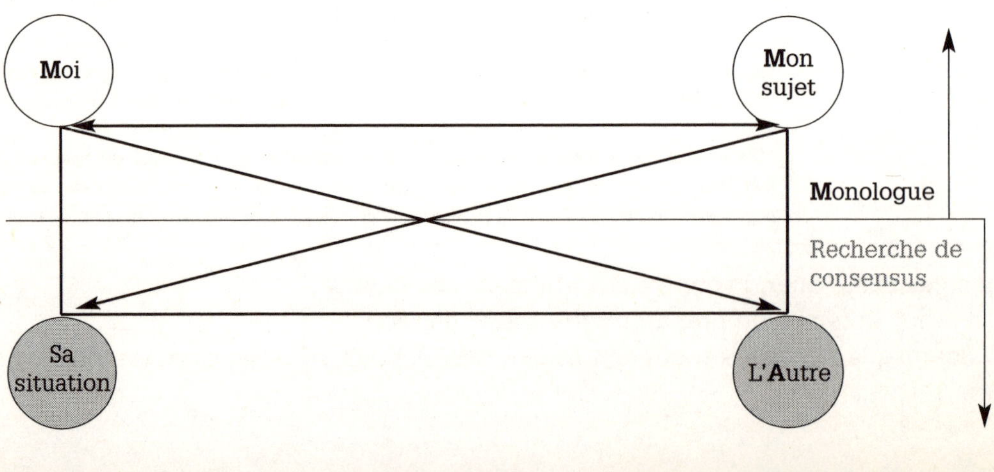

▪ Fiche n°8 ▪
Sachez dire non

Il existe un réflexe du « oui » qui nous pousse impulsivement à accepter, quitte à regretter quelques minutes après. Car dire « non » n'est pas un acte facile par crainte du rejet et des réactions d'autrui.

Devant cette difficulté à dire non, nous pouvons réagir de différentes façons :

- passivité… en nous résignant à accepter à contrecœur ;
- agressivité… en recourant à la colère pour manifester le refus ;
- manipulation… en inventant des motifs non fondés pour nous justifier.

Et tout ceci, bien que nous soyons persuadés de :

- ne pas avoir à accepter ;
- ne pouvoir accepter ;
- ne pas vouloir accepter.

Alors, comment faire pour dire non en restant constructif ?

O	Il faut avoir un **O**bjectif clair et ne pas le perdre de vue dans la discussion.	Ex. : Votre objectif est de ne pas accepter d'heures supplémentaires au-delà de 18 h le soir… sans être prévenue.
R	Donner des **R**aisons claires qui expliquent votre objectif et balisent les limites du possible.	Ex. : Pourquoi ? parce que vous n'avez personne pour garder vos enfants à l'improviste et qu'il vous faut quitter le bureau à 18 h maximum.
E	**É**couter et prendre en compte la position de l'autre en la reformulant.	Ex. : « Je comprends que cela puisse vous poser problème quand il y a un travail de dernière minute. »
C	**C**onclure sur une note d'ouverture et la recherche d'un compromis gagnant/gagnant.	Ex. : Puis-je vous proposer une solution ? • « Peut-on, chaque fois, examiner ensemble si le travail peut être remis à demain sans dommage », • ou « Pouvez-vous me prévenir suffisamment tôt à l'avance pour que je cherche une solution par exemple : • trouver une baby-sitter en me faisant rembourser mes frais ; • demander à Camille (ma collègue), plus disponible que moi de me remplacer; mais cela risque d'entraîner pour elles des heures supplémentaires ; • ou, dès maintenant, réorganiser nos horaires de travail entre elle et moi pour couvrir une plage horaire plus large. »

L'important, c'est de rester constructif et de proposer une solution gagnant/gagnant pour chacun. Rejouez une situation récente où vous auriez voulu dire non et n'avez pas réussi !

Fiche n°9 Sachez répondre à une attaque verbale justifiée ou non

Pour répondre à une critique justifiée	
1 • Exprimez votre accord sur le fait qui vous est reproché.	« C'est vrai, j'ai fait ou dit telle chose... »
2 • Mettez-vous à la place de l'autre.	« Je comprends que pour vous... »
3 Éventuellement, expliquez votre comportement.	Faites-le dans un souci de clarification et non de justification.
4 • Exprimez votre position.	Proposez une solution si vous êtes d'accord et si vous ne voulez rien changer dites simplement : « C'est comme ça, je regrette. »
Pour répondre à une critique injustifiée	
1 • Ne vous laissez pas désarçonner. 2 • Remettez la balle dans le camp de l'autre. 3 • Impliquez-vous personnellement. 4 • Recherchez une solution constructive.	Écoutez, reformulez le propos : « Si j'ai bien compris... » Reconnaissez les faits. Réfutez ce qui n'est pas observable et demandez des précisions. Expliquez ce qui s'est passé sans vous justifier. Exprimez votre point de vue : « Quant à moi, j'estime que... » Faites admettre la légitimité de vos opinions, puisque vous avez accepté celles de l'autre.
Pour faire face à une réflexion déplacée : adoptez l'une des cinq techniques suivantes	
Le sphinx	Ne dites rien. Regardez l'interlocuteur. Restez neutre dans l'expression du visage. Respirez lentement. Gardez une posture physique stable et ferme.
L'édredon	Répondez « c'est vrai » si la critique concerne un fait, « c'est possible » ou « c'est votre façon de voir les choses » si la critique est un jugement de valeur.
Le disque rayé	Répondez par un argument adapté au sujet qui coupe court à toute discussion pour faire « lâcher prise » à votre interlocuteur. Si le « critiqueur » persiste à aborder le sujet et à contre-argumenter, répétez la même phrase avec la même force tranquille.
Le recentrage	Rappelez à votre interlocuteur le vrai sujet de la discussion et signifiez-lui qu'il s'éloigne du sujet et que vous n'êtes pas dupe : « Je propose que nous revenions à notre sujet de départ ».
Le refus	Refusez d'aborder le thème de votre interlocuteur avec fermeté : « Ce n'est pas le sujet », « je refuse d'aborder cette question avec vous ».

Pour arrêter l'escalade en cas de conflit	
1 • Stoppez l'escalade par une action sur la forme du processus.	Exemples : - « Attendez une minute. » - « Stop. » - « Laissez-moi réfléchir. » Le ton de voix est calme, posé et réfléchi. Le débit est lent. Il s'accompagne de gestes appropriés. Il est inutile d'argumenter sur le fond.
2 • Proposez une alternative coopérative.	Orientez la discussion vers la recherche en commun de solutions acceptables pour tous. Insistez, le cas échéant, sur votre refus de l'escalade.
3 • Confrontez l'autre de manière pédagogique.	Faites connaître vos émotions désagréables ressenties dès l'amorce du jeu. Faites comprendre l'impact négatif possible de l'escalade. Faites aussi connaître vos sentiments présents agréables, consécutifs à la résolution du problème.

Qu'est-ce qui vous paraît le plus important à mettre en œuvre – dans votre cas – pour mieux faire face à ces situations difficiles ?

■ Fiche n°10 ■ Sachez vous relaxer pour mieux gérer votre stress

La tension nerveuse, d'origine psychique, peut mettre sous tension l'ensemble de l'organisme depuis les niveaux les plus simples jusqu'aux plus complexes selon trois « étages » :

- structurels (squelette, muscles) : perte de maintien, contractures ou relâchement des fibres musculaires, raideurs articulaires.
- organiques : les organes sont affectés entraînant tachycardie, asthme, ulcère de l'estomac, colite intestinale, spasmophilie…
- nerveux : impliquant migraine, agitation, troubles de la circulation, de la digestion, ou du sommeil.

Une des meilleures réponses possibles au stress est la séance de relaxation pendant laquelle nous suivons les trois niveaux anatomiques que nous avons distingués : les masses musculaires et le squelette, les organes, le système nerveux.

Installez-vous.	Prévoyez 2m² au sol, le silence et 15 à 45 minutes de votre temps. L'ordre suivi est en rapport avec la psychophysiologie. Il garantit un certain résultat s'il est consciemment observé.
Adoptez une position de départ.	Allongez-vous sur le dos, jambes écartées, vos bras ne touchent pas le tronc et s'éloignent jusqu'à ce que les épaules se rapprochent du sol sans efforts, vos mains sont ouvertes vers le plafond. • Prenez conscience du sol qui vous porte et de votre souffle : attendez sa régulation.
Détendez membres et articulations.	Levez lentement, un par un, jambes et bras, et contrôlez leur descente. Soulevez-les et laissez-les tomber d'un coup. Simulez l'impossibilité de lever les membres. Tout ceci peut-être pratiqué aussi avec la tête. Alternez contraction et décontraction de toute la musculature ou de certains muscles choisis. • Dans tous les cas, il faut s'attarder à ressentir l'état détendu du muscle après le travail. C'est cet état qui est exemplaire et qui constitue un repère durable de ce qu'est une position détendue à laquelle nous pouvons nous fier.
Observez votre souffle.	Prendre le temps de vivre, c'est prendre le temps de respirer, « de souffler ». Le mouvement abdominal et de la base thoracique est libre. Suivez chaque phase, inspiration et expiration, jusqu'à son terme. • La détente vient de l'impression de continuité et de ce que rien ne peut entraver ce processus vital, source de confiance.
Détendez-vous mentalement.	L'esprit qui s'adonne à ces différentes observations produit moins d'idées et d'images, il conçoit moins et rumine moins. Il perçoit des phénomènes constants, réguliers qu'il ressent comme une source de sécurité intérieure et d'assurance.

Décidez d'essayer dès ce soir !

2 ■ Optimiser ses contacts téléphoniques

Tout le monde sait téléphoner. Et vous mieux que personne dans la mesure où le téléphone est un des principaux outils de votre fonction. Vous disposez d'une fiche téléphonique, savez être résolument positive et gérez la multitude d'appels quotidiens.
Voici quelques conseils supplémentaires pour être une interface pertinente et donner l'image de professionnalisme qu'attendent de vous vos managers.

Voici cinq fiches pratiques :

1 ▪ Choisissez vos pistes d'amélioration.
2 ▪ Utilisez toutes les ressources de votre poste téléphonique.
3 ▪ Ayez de l'astuce.
4 ▪ Adoptez un langage résolument positif.
5 ▪ Facilitez le travail de votre remplaçante.

Des Fiches pour Agir

■ Fiche n°1 ■ Choisissez vos pistes d'amélioration

Points clés de l'accueil au téléphone	Notez-vous -	+/-	+	++	Cochez vos pistes d'amélioration	
Savoir se présenter et offrir un accueil agréable au téléphone					❑ Décrocher avant la 3e sonnerie. ❑ Sourire. ❑ Se présenter par ses prénom et nom/le nom de la société/du service ou du département.	❑ Attendre d'avoir vraiment le combiné à l'oreille pour parler. ❑ Avoir un ton dynamique et chaleureux. ❑ Avoir un ton professionnel.
Orienter un appel et passer le relais					❑ S'approprier l'organigramme fonctionnel de la société. ❑ Identifier son interlocuteur. ❑ Demander l'objet de l'appel.	❑ Passer le relais au destinataire. ❑ Préciser le n° de poste de la personne à rappeler ultérieurement si besoin.
Savoir faire patienter					❑ Informer l'interlocuteur de ce que l'on fait. ❑ Utiliser systématiquement la touche « secret ». ❑ Ne pas laisser patienter trop longtemps.	❑ Le rassurer en cours d'attente. ❑ Laisser à l'interlocuteur le choix de patienter, de rappeler ou d'être rappelé.
Prendre un message efficace					❑ Concevoir une fiche message complète et adaptée. ❑ L'utiliser systématiquement. ❑ Remplir toutes les cases à renseigner, elles ont un sens.	❑ Reformuler pour s'assurer que tout est bien compris et que rien ne manque. ❑ Relire le message pour vérifier qu'il sera clair et exploitable pour le destinataire.
Filtrer de façon pertinente					❑ Valider avec mon ou mes managers les critères d'urgence/d'importance. ❑ Utiliser des formulations avec « portes de sortie ».	❑ Ne pas se contredire. ❑ Savoir « mentir » avec assurance.
Adapter son langage					❑ Travailler sa voix. ❑ Adopter des formulations positives. ❑ Faire des phrases courtes et claires.	❑ Utiliser le présent. ❑ Poser des questions. ❑ Reformuler.
Informer et renseigner de façon claire					❑ Reformuler la demande. ❑ Donner des informations claires et complètes. ❑ Utiliser un vocabulaire simple, sans sigles.	❑ S'assurer que tout est bien compris ou pris en notes. ❑ Demander s'il y a des questions complémentaires. ❑ Préciser que l'on reste à sa disposition.
Savoir faire face aux situations difficiles					❑ Déconnecter et respirer avant de décrocher. ❑ Rester maître du déroulement et de la durée de l'appel. ❑ Face à un bavard, reformuler en recentrant sur l'essentiel.	❑ Mieux gérer les réclamations et l'agressivité. ❑ Faire une proposition constructive. ❑ Utiliser quelques techniques de gestion du stress. ❑ S'isoler pour se concentrer.
Savoir conclure positivement					❑ Résumer l'entretien avant de conclure. ❑ Rassurer son interlocuteur par une formule où l'on s'engage.	❑ Personnaliser la prise de congé par une formule « bonne journée » par exemple. ❑ Le remercier de son appel.

Points clés de l'accueil au téléphone	Notez-vous -	+/-	+	++	Cochez vos pistes d'amélioration	
Transfert de poste et boîte vocale					❑ Prévenir le destinataire du temps approximatif du renvoi de poste. ❑ Anticiper sur les appels prévisibles et l'en informer. ❑ Lui donner le cahier messages ou les fiches téléphoniques.	❑ Enregistrer un message d'accueil agréable et efficace, avec une formule de prise de congé. ❑ Ne pas oublier de désactiver la messagerie en arrivant. ❑ Traiter les messages rapidement. ❑ Noter tous les éléments du message avant de l'effacer.
Optimiser les potentialités de son poste téléphonique					❑ M'informer sur les potentialités que je ne connais pas et apprendre à les utiliser (cf.. Fiche n° 2).	
Se faire remplacer en cas d'absence					❑ Créer une fiche de remplacement au téléphone (cf.. Fiche n° 5).	❑ Rédiger le mode d'emploi du poste téléphonique.
Qualité globale de la prise en charge de ses interlocuteurs					**Vos commentaires**	

▪ Fiche n°2 ▪ Utilisez toutes les ressources de votre poste téléphonique

- Remplissez la 2e colonne,
- Surlignez ce que vous devez apprendre à utiliser,
- Trouvez la personne ressource qui vous l'apprendra (ce sera plus rapide qu'un mode d'emploi).

Fonctionnalités	Je connais et j'utilise oui/non	Avantages	Conseils et pièges à éviter
• Interception d'appels sur un autre poste quand la personne s'est absentée.		Le téléphone ne sonne pas dans le vide.	Se présenter pour que l'interlocuteur sache à qui il parle, être prête à prendre un message.
• Haut-parleur.		Vous pouvez faire autre chose en attendant que la personne décroche au bout du fil : vous déplacer, faire écouter la conversation à une tierce personne…	Cela s'entend : le faire seulement avec l'accord de l'interlocuteur. Attention, on entend aussi tous les bruits parasites dans le bureau !
• Touche « secret ».		Elle permet de faire patienter.	L'attente ne doit jamais être longue.
• Mise sur boîte vocale.		L'interlocuteur peut laisser un message en cas d'absence (le message d'accueil doit être agréable et efficace).	Elle doit être consultée régulièrement et les messages traités rapidement.
• Renvoi sur un autre poste.		Il y a toujours un interlocuteur qui répond.	La collègue doit être informée et connaître les principes de l'accueil.
• Rappel automatique de numéros occupés (bis).		Vous gagnez du temps.	Ne pas se tromper !
• Rappel des rendez-vous.		Cela permet de contacter dans les temps.	S'y tenir.
• Consultation des appels en attente.		Maîtrise du poste et gestion des priorités.	Être ordonnée dans ses réponses.
• Renvoi permanent (votre poste sonne automatiquement sur un autre lorsque vous ne décrochez pas au bout de 3 sonneries).		Il y a toujours quelqu'un en ligne.	Prévenir le destinataire et lui donner les moyens de répondre correctement si vous attendez un appel important.
• Filtrage.		Cela fait gagner du temps et de l'énergie à votre ou vos manager(s).	Le faire avec diplomatie, définir les critères avec vos managers (cf.. Fiche n° 3).

Fonctionnalités	Je connais et j'utilise Oui/non	Avantages	Conseils et pièges à éviter
• Conférence à trois.		Vous pouvez échanger avec plusieurs personnes concernées sans vous déplacer.	Avoir préparé l'entretien pour gagner du temps.
• Numérotation abrégée, mémorisée.		Vous gagnez du temps.	Ne pas oublier de les tenir à jour dès qu'il y a un changement.
• Prise de deuxième ligne.		Vous ne faites pas attendre votre interlocuteur longtemps.	Se rappeler qui est la première personne et ce qu'on lui a déjà dit ; ne pas la laisser attendre trop longtemps.
• Musique d'attente.		Elle vous permet de faire patienter agréablement et fait paraître le temps d'attente plus court.	Elle doit être apaisante ou stimulante et ne doit pas être une impasse. Revenez en ligne souvent.

▪ Fiche n°3 ▪ Ayez de l'astuce

Informez et renseignez efficacement

- Reformulez la demande pour être sûre d'avoir bien compris.
- Donnez des informations claires et complètes.
- Proposez à votre interlocuteur de noter les informations pour limiter les risques d'erreur.
- N'hésitez pas à lui demander de répéter ce que vous venez de lui dire pour vous assurer que tout est bien clair.
- Demandez-lui s'il n'a pas de questions complémentaires.
- Concluez l'appel agréablement : « Je reste, bien sûr, à votre disposition. Au revoir ! »

Sachez faire patienter

- Si le destinataire n'est pas joignable immédiatement : laissez le choix à votre interlocuteur de patienter ou d'être rappelé ;
- Informez toujours votre interlocuteur de ce qui se passe pour qu'il comprenne les raisons de son attente ;
- N'oubliez pas d'utiliser la touche « secret » dès que vous n'êtes plus en conversation ou encore l'attente musicale ;
- N'hésitez pas à rassurer votre interlocuteur en cours d'attente et à lui dire que vous ne l'oubliez pas.

Prenez correctement un message

- Ayez toujours sous la main une fiche téléphonique (21 x 29,7, si possible sur papier couleur pour la distinguer).
- Recueillez toutes les informations : date, heure, société, nom, fonction, téléphone, fax, e-mail…
- Sachez écouter et repérer les informations essentielles.
- Reformulez pour vous assurer que tout est bien compris et que rien n'est oublié.
- Assurez-vous que ce qui est écrit est clair et compréhensible pour son destinataire : le contenu doit être structuré grâce à des rubriques : objet, objectif et conclusion.

❏ Vous rappellera ❏ À rappeler le:… ❏ Avant… H…

Date :… Heure :…	Pris par :… / Pour :…
M, Mme, Mlle	Société :
Fonction :	Adresse :
Tel :	
Fax :	CP :
Portable :	Ville :
E-mail :	

Message	Suite à donner
Objet *: (l'appel concerne quoi ?)* ***Objectif*** *: (l'interlocuteur a appelé pourquoi ? pour obtenir quoi ? et quand ?)* **Conclusion** :	

Filtrez pertinemment les appels

- Validez avec votre responsable ses critères d'urgence et d'importance et ce qu'il attend de vous en matière de filtrage (quels sont ses interlocuteurs privilégiés ?) ;
- Décidez conjointement d'un code de filtrage, pour choisir des formules qui ne le mettent pas ensuite en situation contradictoire ;
- N'anticipez pas trop quand vous avez votre interlocuteur pour la première fois : il faut vous garder des portes de sortie (« je vais voir s'il est disponible » est mieux qu'un « je vous le passe » : au cas où votre manager ne souhaite pas lui parler, il sera plus facile de prendre un message ou de demander de rappeler plus tard).

Concluez un appel et prenez congé

- Résumez l'entretien et proposez à votre interlocuteur une confirmation écrite sous forme de lettre, de fax ou de documentation ;
- Remerciez-le de son appel, de sa compréhension en utilisant des mots qui traduisent l'efficacité (surtout s'il a attendu un certain temps) ;
- Personnalisez la prise de congé : la fin d'un entretien doit être chaleureuse et souriante, car c'est la dernière impression que vous laissez à votre correspondant ;
- Terminez sur une phrase positive : « Je vous remercie de votre appel et vous souhaite une bonne journée. »

Créez un message d'accueil sur votre boîte vocale

Pour enregistrer un message d'accueil agréable et efficace, offrez à votre interlocuteur :
- Un ton à la fois chaleureux et professionnel.
- Toutes les informations nécessaires pour lui assurer que :
  - ➢ Il a bien composé le bon n° : annoncer votre nom, le nom de la société et celui du service éventuellement.
  - ➢ Il peut vous joindre en direct s'il le désire : rappelez-lui vos horaires « d'ouverture ».
  - ➢ Son message sera traité rapidement : fixez-vous des délais et tenez-les !
- Quelques recommandations pour que le message laissé par votre interlocuteur soit facilement exploitable : suggérez-lui de laisser ses coordonnées ainsi que la date et l'heure de son appel (sauf si votre messagerie vous les donne automatiquement).
- Faites une conclusion particulièrement agréable et soignée : « Nous vous souhaitons une bonne fin de journée », « à très bientôt »,...

Réduisez votre stress face aux interruptions téléphoniques

Le téléphone sonne alors que vous traitez un dossier :

- Montrez-vous au plus tôt décidée à décrocher.
- Quittez consciemment le dossier.
- Écoutez une seconde la sonnerie comme si quelqu'un s'adressait à vous.
- Regardez une seconde le téléphone sonner.
- Pensez à la personnalité que vous allez découvrir.
- Décrochez sans heurt.
- Appliquez-vous entièrement à l'entretien.
- Gardez l'espace présent dans le champ visuel.
- Reposez le combiné sans heurt ce qui vous permet de retourner au mieux à votre dossier.

Ce comportement procure le meilleur rapport qualité/vitesse dans la gestion des dossiers et des appels.

Il est efficace :

- pour votre interlocuteur ;
- pour l'image que vous donnez ;
- pour votre équilibre personnel.

▪ Fiche n°4 ▪ Adoptez un langage résolument positif

Surlignez les éléments à proscrire que vous utilisez et entraînez-vous à utiliser les formulations positives.

À PROSCRIRE	À UTILISER
1- DÉCROCHER, IDENTIFIER L'INTERLOCUTEUR ET L'OBJET DE L'APPEL	
• Allô !	*Ludivine, département informatique, Bonjour !* *Société X, bonjour !* *Ludivine Bonnechance bonjour !*
• Qui est à l'appareil ?	*Vous êtes Monsieur… ?*
• C'est de la part ?	*Qui dois-je annoncer ?*
• Vous êtes qui ?	*En fin d'appel : Pourriez-vous me rappeler votre nom, Monsieur… ?*
• Il vous connaît ?	*L'avez-vous déjà contacté ?*
• C'est pourquoi ?	*Puis-je connaître l'objet de votre appel ?*
• Quel est le problème ?	*Je vous écoute… ?*
• C'est compliqué !	*Expliquez-moi…* *Expliquez-moi étape par étape s'il vous plaît…*
2- TRANSFÉRER L'APPEL OU PRENDRE UN MESSAGE	
• Ne quittez pas.	*Un instant je vous prie (+ explications).*
• Je vous le passe.	*Je vous mets en relation avec M. (si vous êtes sûre).* *Je vais voir s'il est disponible.*
• Je vais voir si je peux le déranger.	*Veuillez patienter s'il vous plaît.*
• Je vais voir si je peux le trouver.	
• Vous avez un message ?	*Je peux lui transmettre un message ?*
• Je lui dirai quand je le verrai.	*Rassurez-vous, je lui fais part de votre appel.*
• Il n'est jamais dans son bureau, vous savez…	*Il est injoignable pour le moment, mais je peux lui transmettre un message…*
• Je ne sais pas où il est.	
3- RÉPONDRE À LA DEMANDE, FAIRE PATIENTER	
• Je viens d'arriver à ce poste, alors vous comprenez…	*Je me renseigne.*
• Est-ce que vous avez bien fait comme on vous a indiqué ?	*Avez-vous pu suivre les indications que l'on vous a données ?*
• Ce n'est pas possible.	*Il doit y avoir une erreur quelque part… vous devez… ; vous avez dû… ; avez-vous bien… ?*
• Quittez toujours pas !	*Veuillez patienter s'il vous plaît.* *Restez en communication, merci.*
• Si vous croyez qu'on a que ça à faire !	*Merci de patienter un instant, je me renseigne.*
• Rappelez demain, à cette heure-ci, il n'y a plus personne.	*Pouvez-vous rappeler demain à partir de 9h ?* *Pouvez-vous me laisser vos coordonnées, Mme X vous rappellera dès 9h demain matin.*
• Je n'en sais rien.	*Je me renseigne pour vous donner une réponse exacte… pouvez-vous patienter une minute ?*
• Ce n'est pas moi qui m'en occupe.	*Je vous mets en relation avec notre service juridique qui pourra traiter votre demande.*
• C'est pas chez nous.	
• Vous n'êtes pas du tout au bon numéro.	*Je vous mets en communication avec Mme Lemoine qui saura vous répondre.* *Veuillez patienter, je vous passe le service.*

À PROSCRIRE	À UTILISER
• Vous êtes le troisième de la journée à nous le dire. • Vous n'êtes pas le seul client !	*Je vous remercie de cette information.* *Si vous le permettez, je m'occupe de la demande rapide de Mme X pour ne pas la faire attendre, puis je me charge de votre dossier…*
4- CONCLURE L'APPEL	
• On s'en occupe. • Je ne peux rien vous promettre. • Je ne vous garantis rien. • On vous rappelle…	*Je fais le nécessaire.* *Je fais le maximum.* *Je vous promets de faire le nécessaire.* *M. Lemoine vous recontacte dès son retour.*

▪ Fiche n°5 ▪
Facilitez le travail de votre remplaçante

Voici quelques informations utiles en mon absence	
L'organisation du poste de travail.	Le poste téléphonique, son fonctionnement, les différentes touches. L'organigramme de l'entreprise : comment est-il fait ? comment l'utiliser ? L'annuaire téléphonique interne. Le cahier ou bloc pour prendre les messages. L'endroit où sont rangées les informations qu'on peut demander.
Comment s'annoncer…	☎ …………………………………………………
Comment filtrer…	Les personnes « indésirables » : ☎ ………………………………………………… ☎ ………………………………………………… Les personnes « incontournables » : ☎ ………………………………………………… ☎ …………………………………………………
Les questions à poser.	☎ …………………………………………………
Les renseignements que l'on ne doit pas donner.	☎ …………………………………………………
En cas de difficultés, vous pouvez vous adresser à…	☎ ………………………………………………… …………………………………………………
Terminez la communication téléphonique par…	☎ ………………………………………………… …………………………………………………
Consignes particulières.	☎ ………………………………………………… ………………………………………………… ………………………………………………… …………………………………………………

3 ■ Réussir l'accueil de vos visiteurs

Deux types de visiteurs peuvent se présenter : ceux qui ont rendez-vous et ceux qui viennent à l'improviste de façon opportune ou... importune.

Dans les deux cas, votre sens de l'accueil est en jeu. L'image qui en résulte pour vous, vos managers, votre entreprise dépend à ce moment-là de vous et de vous seule.

En effet, votre métier est un métier de communication et il fait partie intégrante du processus de communication externe de votre société.

Et au final, vous tirerez bénéfice personnellement d'un accueil réussi, car vos visiteurs vous renverront immédiatement des « signes de satisfaction » positifs.

Voici quatre fiches pratiques :

1 ▪ Préparez leur visite.
2 ▪ Ayez du savoir-vivre.
3 ▪ Adaptez votre comportement aux situations difficiles.
4 ▪ Sachez accueillir en anglais.

▪ Fiche n°1 ▪ Préparez leur visite

AVANT	
Soyez au courant.	Mettez au point votre système d'information: • Consultez l'agenda (papier ou électronique) de vos managers. • Faites un point régulier sur les rendez-vous à venir. • Posez des questions sur ce qu'il faut préparer.
Confirmez les visites.	Au visiteur: • Envoyez une confirmation et un plan d'accès lisible. • Indiquez un temps de trajet à partir d'un point clé. • Préciser le temps de rendez-vous prévisionnel. À l'hôtesse d'accueil : • Informez-la pour que votre visiteur se sente attendu.
Préparez les dossiers.	Faites le point avec vos managers suffisamment tôt: • Préparez les dossiers. • Préparez éventuellement une note de synthèse sur le dossier. • Vérifiez le stock de leurs cartes de visite.
Prévoyez un lieu d'accueil et de rendez-vous.	Prévoyez: • Un lieu d'attente (avec journaux, boissons, documentation société). • Un lieu pour le rendez-vous (salle ou bureau). • Qui va accueillir ? vous ou votre manager?
LE JOUR J	
Rappelez à vos managers leur rendez-vous.	Mettez-vous d'accord sur le système: • Un rappel automatique du rendez-vous grâce à Outlook ou Notes. • Un petit coup de fil 1/4 d'heure avant pour qu'ils se préparent. • Vérifiez que la salle d'attente ou de réunion est accueillante et que votre bureau donne une bonne image.
Prévenez-les dès l'arrivée de votre visiteur à la réception.	• Vérifiez que votre manager est disponible ou s'il faut prévoir de l'attente et combien. • Apportez les dossiers si ce n'est déjà fait. • Préparez-vous à accueillir votre visiteur et adoptez d'emblée les bons réflexes. (Cf. fiche n°2).

▪ Fiche n° 2 ▪ Ayez du savoir-vivre

Pour donner une image d'emblée positive :

Respectez des codes de bienvenue

Souriez, c'est une image qui inspire la sympathie et la réciproque.
Il existe d'autres codes de bienvenue :

- Le visage ouvert avec un regard franc et direct.
- Une attitude corporelle ouverte qui se traduit par une posture souple et détendue avec la tête inclinée sur le côté.

Si vous êtes assise, levez-vous et rendez-vous disponible. C'est une marque de considération pour votre hôte.
Dans certains cas :

- Ayez un mot de bienvenue : « Bonjour Monsieur (ou Madame) ». La mode est à personnaliser l'accueil : « Bonjour Monsieur Martin ». C'est une marque de reconnaissance. Mais attention, cela peut être perçu comme un manque de savoir-vivre selon le milieu concerné. Vous ne risquez pas de vous tromper en vous limitant à Monsieur ou Madame.
- Pensez à la poignée de main.
- Invitez votre visiteur par un geste à entrer, à s'asseoir, à s'installer.

Tous ces codes indiquent votre savoir-vivre ou son absence.

Soignez votre présentation

- Trouvez un juste compromis entre ce que vous êtes fondamentalement (votre look, reflet de votre personnalité) et l'image souhaitée par l'entreprise. C'est ce qui donnera de la cohérence et de l'aisance à votre accueil.
- Si vous êtes nouvelle, regardez autour de vous. Respectez la culture d'entreprise.
- Ayez de toute façon une présentation et une tenue vestimentaire soignées par opposition à négligées.
- N'oubliez pas que vous représentez aussi vos managers.
- Ne les mettez pas dans la situation – ô combien délicate pour eux et désagréable pour vous – de devoir vous dire que votre tenue n'est pas adaptée.

Si un visiteur arrive et que le téléphone sonne

- Faites un geste d'apaisement, excusez-vous avant de décrocher : « vous permettez ? »
- Si l'entretien risque de durer longtemps, proposez de rappeler le correspondant.

Si vous êtes en conversation avec un ou des collègues

- Souriez, saluez : « Bonjour M. ou Mme », interrompez votre conversation tout de suite.
- Si vous ne pouvez l'interrompre, rassurez votre visiteur : « Je suis à vous tout de suite. »

Si un autre visiteur se présente

- Souriez, saluez-le, demandez-lui de patienter un instant.

Si vous devez faire patienter votre visiteur parce que votre manager n'est pas prêt à le recevoir

- Rassurez-le : « J'ai prévenu M. (ou Mme) X de votre arrivée, il termine juste un entretien. Voulez-vous vous asseoir ? Puis-je vous offrir un café ? »
- Si vous le faites patienter dans votre bureau, ne vous croyez pas obligée de tenir une conversation, reprenez votre travail avec un sourire de connivence.
- En revanche, renseignez-vous discrètement et tenez-le informé de ce qu'il se passe si vous voyez que l'attente dure.

Introduisez le visiteur et prévoyez la fin du rendez-vous

- Proposez à votre visiteur de lui commander un taxi.
- Reprenez la ligne téléphonique de votre manager pour lui ménager un rendez-vous tranquille.
- Raccompagnez le visiteur si votre manager n'a pas le temps de le faire.
- Récupérez les cartes de visite, le cas échéant, pour enrichir votre base de données des coordonnées et des e-mail.

▪ Fiche n°3 ▪ Adaptez votre comportement aux situations difficiles

Pour un accueil réussi, vous ne devez pas laisser paraître votre état affectif.

1 ▪ Dans tous les cas : soyez positive et attentive à l'autre !

Évitez	Préférez plutôt
Les mots qui fâchent: crainte, souci, problème, doute, inquiétude.	Soyez tranquille, rassurez-vous, tout à fait, bien sûr.
Les expressions dubitatives: (ex: je pense, je crois, si vous vouliez)	Je vous conseille, je vous propose.
Les expressions négatives: (ex: ne croyez-vous pas, ne pensez-vous pas)	Pensez-vous, croyez-vous ?
Les excuses: (ex: excusez-moi, je suis désolée)	À n'utiliser qu'en cas d'erreur : Je vous prie de m'excuser.
Les expressions personnelles: (ex: moi, la qualité de mes services)	Valorisez votre interlocuteur.
Les expressions impersonnelles: (ex: l'ordinateur, l'administratif)	Utilisez le « je » de manière à vous engager personnellement vis-à-vis de votre interlocuteur.

▪ Écoutez attentivement votre interlocuteur et montrez-lui que vous comprenez sa demande

Ponctuez votre conversation de « oui » et reformulez ses propos pour mieux le comprendre.

La reformulation écho	Reprenez les derniers mots de votre interlocuteur. Vous l'incitez ainsi à vous donner de plus amples informations.
La reformulation synthèse	Synthétisez le discours de manière à clarifier la situation et repartir à la recherche d'une solution.
La reformulation centrage	Sélectionnez les éléments les plus pertinents pour recentrer le débat.

- **Utilisez un langage précis et courant**

- **Préférez des phrases courtes**

2 ▪ Dans des situations délicates, adaptez votre comportement à la situation

Il arrive parfois que l'on ait affaire à des personnes qui n'en finissent pas de vous raconter leurs problèmes, des personnes en colère, des personnes inquiètes ou tout simplement timides. Que faire, alors, face à ces personnes ?

Un bavard	▪ Écoutez et glissez quelques « oui » pour montrer votre écoute. ▪ Reformulez et recentrez la conversation.
Un mécontent	▪ Recherchez la cause de son mécontentement. ▪ Écoutez et reformulez pour vous assurer d'avoir bien compris. ▪ Donnez une explication et reconnaissez votre erreur, si c'est le cas. ▪ Proposez ou cherchez une solution avec lui. ▪ Sélectionnez la meilleure solution.
Un timide	▪ Gardez votre assurance et utilisez des gestes d'apaisement. ▪ Écoutez et reformulez. ▪ Expliquez en étant positive. ▪ Affirmez votre explication sans faire appel à la confiance. ▪ Obtenez un « oui » et engagez-vous personnellement.

Dans tous les cas, gardez votre self-control et sachez vous relaxer (cf.. p. 70).

▪ Fiche n°4 ▪ Sachez accueillir en anglais

Le mois prochain, votre client anglais doit vous rendre visite. Son assistante doit appeler pour convenir d'un rendez-vous avec vous. Pas de panique ! Voici quelques mots et expressions utiles pour vous aider.

1 ▪ Ne paniquez pas au téléphone

Apprenez ces expressions courantes.

Société X, puis-je vous être utile ?	Société X, may I help you.
Oui, c'est M. X à l'appareil.	Yes, it's Mr X speaking?
J'aimerais parler à M. Y.	I'd like to speak to Mr Y.
Un instant je vous prie.	One moment please.
Je vous le passe.	I'll put you through.
Ne quittez pas.	Hold the line.
Je vais le chercher.	I'll try and find him.
Allez-y !	Go ahead !
Vous êtes en ligne.	You're through.
Je suis désolée.	I'm sorry.
Il n'est pas disponible pour le moment.	He's not available for the moment.
Il est occupé.	He's busy.
Il est en voyage.	He's away.
Puis-je prendre un message ?	Can I take a message ?
Puis-je laisser un message ?	Can I leave a message ?
Je le rappellerai plus tard.	I'll call back later.

2 ▪ Vous souhaitez faire parvenir un dossier d'accueil

Voici un exemple précis du courrier qui peut accompagner le dossier que vous avez préparé à l'intention de vos visiteurs anglophones.

Mister… and his team wish you an enjoyable visit to our company.

In this folder, you will find all the necessary information for your stay:
- The tourist map of our city
- Its history
- The best places to visit
- Our fine restaurants
- The types of transport available

If you require more information, please feel free to ask (Name) who will be happy to help you.

3 ▪ Votre client vient d'arriver

Bienvenue à Paris.	Welcome in Paris.
Bonjour (le matin, l'après-midi).	Goog morning, good afternoon.
Au revoir.	Good bye.
Voici M. X et Mme Y.	This is Mister X and Missis Y.
Puis-je prendre un message?	Can I take a message?
M. John est à Marseille pour le moment.	Mr John is in Marseille at this moment.
Je souhaiterais prendre un rendez-vous avec M. John.	I'd like to make an appointment for Mr John.
Un moment s'il vous plaît, je consulte son agenda.	One moment please and I'll check his diary.
M. John est libre mardi matin, mais seulement jusqu'à 11h.	Mr John is free on Monday morning but only until 11 am.
Lundi après-midi vous conviendrait-il?	Would Tuesday afternoon be suitable?
Puis-je prendre votre manteau?	May I take your coat?
Voulez-vous que j'appelle l'hôtel à votre place?	Would you like me to call the hotel for you?
Voulez-vous vous asseoir?	Would you like to take a seat?

Chapitre III

■ Traiter l'information

1 ■ Traiter l'information entrante

Que l'information soit sous forme papier ou électronique, apporter de la valeur ajoutée à son traitement a deux vertus :

- Faire gagner du temps à vos managers. En effet, nous sommes entrés dans la société du Savoir. Y disposer de la bonne information au bon moment est un atout considérable pour eux. Vous pouvez les y aider.
- Vous informer et vous donner l'opportunité d'anticiper et de prendre des initiatives.

Voici cinq fiches pratiques :

1 ▪ Faites préciser le niveau de prestation de service souhaité.
2 ▪ Calculez votre vitesse de lecture et décidez de l'améliorer.
3 ▪ Élargissez votre champ de perception visuelle.
4 ▪ Utilisez les ressources de votre cerveau pour lire plus vite et mieux.
5 ▪ Mémorisez plus facilement vos informations.

▪ Fiche n°1 ▪ Faites préciser le niveau de prestation de service souhaité

Pour cela, demandez à vos managers des précisions

À la date du… : quel traitement de l'information attend-on de moi ?	O/N
Ouvrir	
• Documents confidentiels	
• Non confidentiels	
Lire et prendre connaissance	
• Courrier, notes	
• Études, rapports	
• Presse	
• Comptes rendus de réunion	
Trier l'information	
• Par ordre d'urgence	
• Par ordre d'importance	
• Par thème	
• Par destinataire potentiel	
• Mettre à part l'inutile	
• Détruire l'inutile sans le présenter	
Apporter de la valeur ajoutée	
• Joindre les dossiers utiles au traitement de l'information reçue	
• Rechercher des informations complémentaires	
• Faire une note de synthèse	
• Préparer des réponses	
• Rédiger des réponses de façon autonome (préciser le type de document)	
Diffuser l'information	
• D'après des directives	
• De façon autonome	
La classer	
• D'après des directives	
• De façon autonome	

Puis, faites périodiquement une revue de contrat

Dans l'esprit qualité décrit au chapitre 1, vérifiez périodiquement que vos managers sont satisfaits de votre prestation « traitement de l'information reçue » et si c'est le cas, tâchez de mettre la barre plus haut pour progresser encore.

▪ Fiche n°2 ▪ Calculez votre vitesse de lecture et décidez de l'améliorer

Être un lecteur performant, c'est lire vite et bien ; c'est aussi être capable de repérer rapidement les informations utiles, les sélectionner, en parler, les résumer, en tirer profit pour soi-même ou pour d'autres.
Pour le devenir, nous vous invitons d'abord à calculer votre vitesse, puis à progresser grâce aux fiches suivantes.

Apprenez à calculer votre vitesse de lecture

NB : munissez-vous d'une calculette et d'un chronomètre. Un crayon à papier, une gomme et un surligneur compléteront utilement votre panoplie.

Le texte suivant, extrait des « Propos sur l'Éducation » du philosophe Alain, compte 386 mots.

Prêt(e) à le lire ? Prenez votre chronomètre... attention, top chrono !

« Le problème de la lecture courante est admirable et difficile. Tant qu'il n'est pas résolu, ne distinguez pas ceux qui savent lire et ceux qui ne le savent point. La lecture qui ânonne ne sert à rien. Tant que l'esprit est occupé à former des mots, il laisse échapper l'idée [...].
« On dit que nous vivons maintenant dans la vitesse et emportés au train des machines. N'exagérons pas : la promenade du dimanche se fait toujours du même pas ; et il ne manque pas de flâneurs, de pêcheurs à la ligne ni d'amateurs qui s'arrêtent pour un tableau ou un vieux meuble. Mais nous avons gagné ceci, de faire vite ce qui ne mérite point qu'on s'arrête. Épeler un écriteau, cela est ridicule : il faut le saisir d'un regard ; et la plus grande partie du journal doit être saisie à la course. Les titres et quelques mots d'importance, cela suffit bien [...].
« Il n'est pas utile que j'imagine des sons quand je lis ; c'est temps perdu [...]. Au reste, dans toutes les opérations de l'esprit qui dépendent d'un mécanisme, il faudrait, et dès les commencements, donner une prime à la vitesse [...]. Dès que l'attention s'attarde, elle se détourne [...].
« Il faudrait lire des phrases qui passent sur un écran ou qui seraient montrées un moment, et puis cachées ; ensuite on écrirait ce qu'on a lu. Par ce même exercice, on apprendrait l'orthographe. On reconnaîtrait d'un regard un mot ou une phrase comme on reconnaît quelqu'un. On gagne ou l'on perd puis l'on recommence. Voilà qui réveille [...].
« Car enfin toute la page est vraie en même temps et il arrive souvent que la fin explique le commencement. Au lieu que celui qui ânonne, et qui bute sur un mot difficile, rompt la pensée en petits morceaux ; c'est former de ces esprits bègues qui se querellent à la porte avant d'entrer [...].

« Savoir lire [...] c'est aller vite, c'est explorer d'un seul coup d'œil la phrase entière ; c'est reconnaître les mots à leur gréement, comme le matelot reconnaît les navires. C'est négliger ce qui va de soi, et sauter à la difficulté principale, comme font si bien ceux qui savent lire la musique. »

Stop !

Et maintenant calculez votre vitesse de lecture. Pour cela :

- Convertissez les minutes affichées sur votre chronomètre en secondes.
- Additionnez-les aux secondes affichées, sans tenir compte des centièmes de secondes.
- Divisez le nombre de mots par le total de secondes ainsi trouvé : vous avez votre vitesse de lecture par seconde qu'il vous suffit de multiplier par 60 pour trouver votre vitesse par minute.

Indiquez ici votre résultat :

De mémoire, quels sont les principaux conseils donnés au lecteur dans le texte ci-dessus ? Notez-les.

Vérifiez, ci-après, que vous avez retenu l'essentiel.

En quelques phrases, Alain pose les principes de base de la lecture rapide :

Chercher à percevoir le sens d'un texte plutôt qu'à identifier les mots. Inutile de prononcer « dans sa tête » les mots captés par l'œil, c'est une perte de temps.	*« Tant que l'esprit est occupé à former les mots, il laisse échapper l'idée. »* *« Il n'est pas utile que j'imagine des sons quand je lis ; c'est temps perdu. »*
Il suffit de reconnaître « au coup d'œil » la forme du mot/de la phrase et d'en extraire le sens.	**« On reconnaîtrait d'un regard un mot ou une phrase comme on reconnaît quelqu'un. »**
Avancer dans sa lecture sans retour en arrière, sans « régression ». La suite d'une phrase/d'un texte explique souvent le début.	*« Toute la page est vraie en même temps et il arrive souvent que la fin explique le commencement. »*
Élargir son champ visuel pour appréhender un ensemble de mots qui fait sens.	*« Explorer d'un seul coup d'œil la phrase entière. »*
Repérer les mots-clés, « entendre » le sens d'un texte en le parcourant comme le musicien entend la mélodie en parcourant la partition.	*« Négliger ce qui va de soi, et sauter à la difficulté principale, comme font si bien ceux qui savent lire la musique. »*

Vous venez de faire vos premiers exercices de lecture performante.

- Vous avez calculé votre vitesse de lecture et le résultat obtenu va vous servir de score de départ. De l'avis des experts un lecteur moyen lit autour de 200 mots/mn, un bon lecteur 500 à 600 mots, un très bon peut faire beaucoup plus.
- Vous vous êtes assuré(e) de la compréhension et de la mémorisation du texte que vous avez lu. N'oubliez pas qu'être un lecteur performant c'est à la fois lire vite, comprendre et retenir.

▪ Fiche n°3 ▪ Élargissez votre champ de perception visuelle

Voici trois moyens d'élargir votre champ de perception visuelle qui est un des points cruciaux de la lecture performante.

D'abord apprenez à balayer votre texte du regard

Descendez puis remontez rapidement du regard les colonnes ci-dessous.
Recommencez plusieurs fois en vous efforçant de « photographier » d'un seul coup d'œil chaque mot ou ensemble de mots.

Chronométrez-vous ! (52 mots au total)

▪ 1 ▪	▪ 2 ▪	▪ 3 ▪
soleil	vertu	rien à faire
action	étoile	jouer aux cartes
écran	argent	faire à la va-vite
kayak	fenêtre	il est tête en l'air
parfum	qualité	vivre à cent à l'heure
tableau	médecin	prendre du bon temps
crocodile	formation	un prêté pour un rendu
parangon	analyse	un haut niveau d'expertise
entreprise	exposition	une personne de ressource(s)
ordinateur	anthologie	ce texte est un tissu d'inepties
atrabilaire	paradigme	prendre note d'un rendez-vous
parapsychologie	montgolfière	organiser une réunion importante

Recommencez l'exercice en calculant votre temps de lecture colonne par colonne.
Avez-vous mis beaucoup plus de temps pour lire la colonne 3 ?
Et dans cette colonne 3, avez-vous eu besoin des mots de liaison pour comprendre le sens ?

Quelles conclusions pratiques peut-on tirer de cet exercice ?
Vous n'avez probablement pas passé beaucoup plus de temps à lire la colonne 3 que les colonnes 1 et 2. Votre œil a attrapé au vol le sens d'expressions qui vous sont familières sans s'arrêter sur leur détail.
Vous pouvez transposer la recette à des ensembles de mots plus complexes dans lesquels vous vous efforcerez de repérer au premier coup d'œil les seuls mots-clés.

Cachez maintenant les trois colonnes et notez les mots ou expressions dont vous vous souvenez. Puis vérifiez si vos souvenirs sont exacts.
Qu'est-ce qui vous a permis de mémoriser certains mots/certaines expressions plutôt que d'autres ?

Développez votre capacité de repérage

Les cinq ensembles de mots ci-après comprennent chacun un intrus. À vous de le repérer.

Chronométrez-vous ! (50 mots au total)

parler	téléphérique	bleu	âne	commode
chanter	char	vert	cheval	bibliothèque
dire	carriole	gris	mouton	guéridon
chuchoter	voiture	noir	chèvre	table
dialoguer	brouette	orange	bouquetin	porte
monologuer	tracteur	blanc	baleine	armoire
crier	camion	rouge	chat	fauteuil
gronder	autobus	rose	vache	chaise
vocaliser	tombereau	jaune	lapin	buffet
murmurer	charrette	pastel	chien	lit

Il s'agit cette fois de repérer, le plus rapidement possible, dans chaque colonne les nombres identiques à celui qui est repris en caractères gras en début de colonne.
Votre temps ?...

454	**325**	**710**	**42**	**67**
245054544	323524051	244587104	402	765
845426825	253532540	310710689	5428	0676
769237484	465238754	741047103	48462	67746
634548952	325463524	2354017750	424280	3026754
025468245	663254253	7104705428	7541258	03677765
245486731	896752325	2471045710	644247423	567067086
454824543	232522459	55471071063	1254742568	02467176767

Quelles conclusions pratiques peut-on tirer des deux exercices qui précèdent ?

En vous amusant vous avez exercé votre esprit critique, vous avez obligé votre œil à privilégier une information par rapport à d'autres.
Améliorer vos capacités de repérage, c'est gagner du temps pour :

- retrouver des informations dans un dossier ;
- relire efficacement une note ou un courrier ;
- faire une recherche sur Internet ;
- vérifier un devis, un état comptable.

Élargissez votre champ de vision

Pour lire, l'œil se déplace par bonds et photographie le texte en plusieurs points de fixation successifs.
Le nombre de mots saisis à chaque fixation, donc le champ de vision plus ou moins large du lecteur, a une influence déterminante sur la rapidité de lecture.
Nous vous proposons ci-après un exercice pouvant vous aider à élargir votre champ de vision.

Tracez avec votre crayon à papier une ligne verticale au milieu de chaque colonne afin de centrer plus aisément votre regard, puis descendez la colonne sans régresser (c'est-à-dire sans retour en arrière) et en englobant chaque ligne d'un seul regard.
Votre temps ?...

80 mots

Sol
Août
Opportunité
Foire aux vins
Consommateurs
Commissaire-priseur
Une architecture moderne
Les journées du patrimoine
Parlez-moi de votre dernier voyage
Des règles de production contraignantes
Avez-vous décroché un contrat ?
En Afrique ou bien au Canada
Précisez-moi vos objectifs
Au beau milieu du gué
Trop de messages
À la campagne
Cinéma
Doré
Vu
Fi

Oui,
Didon
dîna, dit-on,
de dix dos dodus
de dix dodus dindons.
Assonances et allitérations
Chez les Papous il y a des Papous
papas et des Papous pas papas.
Chez les Papous il y a des poux.
Six cent six Suisses suçaient
sans cesse et sans souci six
cent six saucisses dont six
en sauce et six cents sans
sauce. Natacha n'attacha
pas son chat Pacha
qui s'échappa. Cela
fâcha Sacha qui
chassa Natacha.
Voilà. Ah
mais !

Quelles conclusions pratiques peut-on tirer de cet exercice ?

Habituez vos yeux à voir de plus en plus large à partir d'un point de fixation.
Exercez-vous par exemple avec les colonnes d'un journal, les pages d'un catalogue.
Il n'est pas nécessaire de voir distinctement tous les mots pour comprendre ce dont il s'agit.
Exercez-vous aussi avec des notes d'information interne, des plans, des tableaux, des schémas...
Plus vous voyez large, plus vous sollicitez votre cerveau et plus il vous aide pour traiter les informations.

▪ Fiche n°4 ▪ Utilisez les ressources de votre cerveau pour lire plus vite et mieux

Votre œil déchiffre plus lentement que votre cerveau ne comprend.

Continuez d'élargir votre champ de perception visuelle

Voici, extrait d'un document présentant une offre de services « e-learning », un texte facile, à lire rapidement.

Tracez, comme précédemment, une ligne verticale au milieu de chaque colonne pour centrer votre regard. Puis exercez-vous à comprendre ce texte :

- en faisant sauter votre regard d'un ensemble de mots à l'autre ;
- en vous efforçant d'embrasser à chaque fois un maximum de mots à partir du centre.

Créez votre e-campus d'entreprise
La création d'un campus d'entreprise
Ce projet demande à la fois
investissement financier
différents prestataires internes et externes
vous installer rapidement
Intranet.
nos infrastructures
développées
Votre e-campus vous permettra
- votre catalogue de formation
- la diffusion de cours e-learning
- la création de cours en ligne
- l'édition de vos cours spécifiques en ligne…

sur Internet ou sur votre Intranet.
est un investissement pour votre entreprise.
une bonne identification des besoins, un
non négligeable et la coordination de
à votre entreprise. Nous vous proposons de
votre e-campus en ligne, sur Internet ou sur
Cette formule vous permet de bénéficier de
et des fonctionnalités que nous avons déjà
pour nous-mêmes.
de gérer sur Internet ou Intranet :
en présentiel et en ligne,
à partir de notre catalogue,
directement sur votre site,

Faites confiance à votre cerveau

Le texte continue, ci-après, sans mots de liaison : votre cerveau va les reconstituer aisément. Utilisez de nouveau la technique du point de fixation central.

-… édition… cours spécifiques… ligne
-… gestion… validation… inscriptions
-… gestion… facturation interne
-… gestion… outils… communication
-… gestion… salles… formateurs
-… mise… disposition… outils permettant… gestion… compétences.

- **Avez-vous bien reconstitué ?**

- L'édition de vos cours spécifiques en ligne.
- La gestion et la validation de vos inscriptions.
- La gestion de la facturation interne.
- La gestion des outils de communication.
- La gestion de vos salles, de vos formateurs.
- La mise à disposition d'outils permettant la gestion des compétences.

Quelles conclusions pratiques peut-on tirer de cet exercice ?

Certains textes méritent une lecture intégrale, mais tous ne la méritent pas.
Faites des choix et, dans tous les cas, utilisez les capacités d'anticipation de votre cerveau.

Un dernier conseil : pour mieux lire, il faut en quelque sorte se donner les moyens de « maîtriser » sa lecture, s'attarder uniquement sur ce qui présente un réel intérêt par rapport à nos objectifs.

▪ Fiche n°5 ▪ Mémorisez plus facilement vos informations

Nous nous plaignons de notre mémoire lorsque nous ne sommes pas capables de retrouver l'information au moment où nous en avons besoin.
Pour améliorer notre potentiel de mémorisation trois processus existent :
- L'accueil de l'information.
- L'appropriation de l'information.
- La restitution de l'information au moment adéquat.

1 ▪ Accueillez l'information

Cela suppose de mobiliser vos capacités d'attention, de concentration, et aussi vos émotions. Alors, comment être attentif ? Voici quelques conseils.

▪ D'abord créez les conditions d'une bonne exposition à l'information
Pour cela, il faut s'organiser, réserver des plages de temps pour les lectures difficiles, faire en sorte de n'être pas dérangée dans des activités qui requièrent une haute charge mentale. Bref, il faut se focaliser sur la tâche de lecture.

▪ Reformulez ce que vous lisez
Lorsqu'on lit, il peut être utile de le faire à haute voix, puis de reformuler ce que l'on vient de lire.

▪ Soulignez ou surlignez… dans certains cas
C'est opportun si cela permet de faire ressortir l'architecture du propos de façon à hiérarchiser l'information utile, à distinguer l'essentiel du secondaire.
À noter que surligner permet, à la relecture, d'être attentif à ce qui est vraiment important. Mais il faut être sûr d'avoir effectivement surligné le plus important sous peine d'avoir simplement le même texte qu'au départ, mais en couleur !

▪ Émettez un avis à haute voix ou à voix basse
Interrogez-vous sur ce que vous venez de lire, émettez un avis, une opinion personnelle. Éventuellement, si le texte s'y prête, demandez-vous si cela vous plaît ou vous déplaît ; notre capacité de mémorisation dépend éminemment de notre affectivité !

▪ Décidez de prêter attention aux détails
Observez, écoutez, sentez, goûtez, touchez, et surtout ressentez, puis réfléchissez : Quel est le sujet ? Comment est-il structuré ? Quels sont les éléments pertinents et significatifs ? Quels sont les détails qui accompagnent le sujet ?

▪ Pensez à exploiter votre canal sensoriel dominant et à développer les autres !
Peut-être êtes-vous du type plutôt visuel, ou auditif ou kinesthésique, (c'est-à-dire plus centré sur vos sensations et vos émotions) ; probablement êtes-vous un petit peu tout cela. Exploitez chacun de ces canaux sensoriels, c'est à ce prix que vous contrôlerez davantage l'enregistrement de vos souvenirs.

2 ▪ Décidez de vous approprier l'information

Être attentif est absolument nécessaire, mais ce n'est pas suffisant pour garantir l'enregistrement à long terme du souvenir. Testez alors deux autres procédés rois : l'association d'idées et la visualisation.

▪ L'association d'idées permet de mémoriser durablement
Pour cela, ayez recours aux indices, aux codes, aux plans.

▪ Un indice est un déclencheur de souvenir
C'est par exemple, le post-it, la check-list des tâches à accomplir ; pas de honte à cela.

▪ Un code permet d'associer quelque chose à un système
Par exemple, vous devez mémoriser une information chiffrée avec un système de nombres déjà existant. Utilisez les numéros de départements, ou des dates qui ont une importance pour vous (anniversaires, etc.).
Mais le code est aussi une organisation sémantique, c'est-à-dire une phrase par exemple. Souvenez-vous de « Mais où est donc Ornicar ? », et à l'instar de ce procédé, inventez des phrases « magiques », qui n'auront peut-être de sens que pour vous, mais qui vous permettront de mémoriser durablement.

▪ Un plan est une organisation d'indices
Il permet donc de relier entre eux les indices.

Par exemple : la méthode des lieux. Fameuse depuis l'Antiquité, elle consiste à apprendre par cœur une succession de lieux que vous connaissez bien (les différents endroits par lesquels vous passez pour vous rendre chez vous, etc.) et à associer chacun de ces lieux à l'information dont vous voulez vous souvenir. Quand vous voudrez retrouver la liste d'informations, il vous suffira de vous rappeler l'ordre des différents lieux traversés ; le rappel du lieu enclenche le rappel de l'information qui lui a été associée, à condition bien sûr que l'association ait été bien faite.

Vous pouvez aussi recourir à une phrase-clé.
Ainsi, pour se souvenir de l'ordre des planètes, Mercure, Vénus, Terre, Mars, Jupiter, Saturne, Uranus, Neptune, Pluton, on fait une phrase dont chaque mot est la lettre initiale de la planète ; ce qui donne : Me Voici Tout Mouillé J'ai Suivi Un Nuage Pluvieux.

▪ La visualisation

Visualiser, c'est former des images mentales, c'est-à-dire, imaginer un objet en détail. C'est un procédé très efficace dans la mémorisation, car il donne un support à une information pas forcément concrète. Or, nous nous souvenons bien mieux de ce qui est concret.

3 ▪ Devenez capable de restituer l'information

La rétention de textes lus dépend justement du type de texte qu'on lit. On ne lit pas un poème de Rimbaud comme on lit un texte sur l'entrée en vigueur de l'euro à partir de 2002.

▪ Utilisez le rateau de Quintilien : le CQQCOQP (C'est cucu c'est occupé)

Le fameux Comment, Qui, Quoi, Combien, Où, Quand, Pourquoi ? vient encore une fois à la rescousse. Il s'agit d'extraire du texte les réponses à chacune de ces questions, en les formulant selon le besoin.

> *NB : Cette technique suppose de prendre le temps de l'appliquer ; c'est une contrainte absolue et indispensable pour l'entrée en mémoire.*

▪ Prenez des notes

Cela permet d'améliorer la rétention de l'information lue. Il est alors nécessaire de dégager la structure du texte ou d'en faire un schéma.

2 ■ Exploiter l'information sur Internet

Internet est un vivier d'informations de toutes sortes qui, si vous savez bien l'utiliser, permet de trouver la réponse à la plupart de vos questions : quels sont vos principaux concurrents ? Qu'est-ce que l'ADN ? Quel est le meilleur itinéraire pour faire Lyon — Clermont Ferrand ? etc.
« Essayer, c'est l'adopter ! » Au fil du temps, vous verrez, vous ne pourrez plus vous en passer.

Voici quatre fiches pratiques :

1 ▪ Maîtrisez le vocabulaire des NTIC.
2 ▪ Surfez sur le Web pour rechercher de l'information.
3 ▪ Trouvez facilement sur le Net et faites gagner du temps à vos managers.
4 ▪ Conservez vos meilleures adresses Web.

▪ Fiche n°1 ▪ Maîtrisez le vocabulaire des NTIC

Acronymes : Abréviations de texte très utilisées par les utilisateurs du « chat ». Exemple : ASAP pour *As soon as possible* (dès que possible), Mdr pour Mort de rire, etc.

Adresse IP : Adresse Internet de votre ordinateur. Celle-ci se compose d'une série de quatre chiffres entre 0 et 255, séparés par des points (Ex : 168.08.154.25). Elle est l'équivalent de votre numéro de téléphone, mais pour votre ordinateur.

Chat (prononcer Tchatte) : Service Internet qui permet à plusieurs personnes de discuter en simultané au moyen de messages électroniques.

Favoris (ou Bookmark) : Adresses Internet que vous souhaitez conserver pour les consulter ultérieurement.

Forums de discussion (appelés également groupes de discussion ou newsgroups) : Conférences électroniques dans lesquelles vous échangez avec d'autres au moyen de courriers électroniques postés sur un serveur et auquel il faudra se connecter pour les consulter. Contrairement au « chat », le dialogue n'est pas forcément simultané.

Internet : Réseau mondial d'ordinateurs. Il se compose de différents services : le Web, la messagerie électronique, les forums de discussion, le « chat », etc.

Intranet : Réseau qui fonctionne et utilise les mêmes technologies qu'Internet, mais interne à une entreprise, dont les informations et services mis en place ne sont utilisables que par les personnes de l'entreprise concernées, quelle que soit leur localisation géographique.

Liens hypertexte : Éléments actifs qui permettent d'accéder à d'autres documents. Les mots à partir desquels vous pouvez accéder à d'autres informations sont matérialisés par une couleur différente et un soulignement.

Liste de diffusion : Envoi automatique de messages à une série de destinataires dont les adresses électroniques sont énumérées dans une liste.

Netiquette : Code du savoir-vivre de l'internaute.

Shareware : Application que l'on peut essayer gratuitement (en général 30 jours), mais que l'on doit payer en cas d'utilisation prolongée.

Smiley (appelé également emoticon ou binette) : Petite figurine grâce à laquelle vous donnez un ton au message. Pour la lire, il suffit de pencher la tête sur le côté et de deviner un visage. Exemple : :-) je suis content-e :-)) je suis très content-e
:- (je suis triste

Virus : Parasite logiciel destiné à perturber le fonctionnement d'un ordinateur. Il est très important de disposer d'un antivirus à jour. Pour cela, renseignez-vous auprès de votre responsable informatique.

Visioconférence : Système de communication qui permet à deux correspondants de se voir et de discuter par ordinateurs interposés.

▪ Fiche n°2 ▪ Surfez sur le Web pour rechercher de l'information

On vient tout juste de vous installer Internet ? Voici quelques principes pour bien l'utiliser.

1 ▪ Saisissez dans la barre d'adresses, celle du site que vous souhaitez consulter

Attention : pas d'accents, pas de majuscules, ni de caractères spéciaux. De plus, Il est inutile de saisir http:// lorsque vous saisissez l'adresse.

2 ▪ Cliquez sur les liens pour vous déplacer sur la toile

Quand les mots sont soulignés ou que votre curseur se transforme en petite main, cela signifie qu'il y a un lien vers d'autres informations. Cliquez alors dessus pour les consulter.

3 ▪ Utilisez votre navigateur pour optimiser votre navigation

- ***Bouton Précédent :*** cliquez sur ce bouton pour revenir à la page précédente.
- ***Bouton Suivant :*** cliquez sur ce bouton pour afficher la page suivante dans une série de pages que vous avez consultées.
- ***Actualiser :*** cliquez sur ce bouton pour mettre à jour le contenu de la page en cours si les dernières informations ou les informations attendues ne sont pas apparues à l'écran dans un premier temps. Ce bouton est utile lorsque les informations ne s'affichent pas correctement.
- ***Bouton Démarrage :*** cliquez sur ce bouton pour accéder à votre page de démarrage, (celle que vous voyez à l'ouverture de votre navigateur).
- ***Bouton Rechercher :*** cliquez sur ce bouton pour ouvrir le volet *Rechercher* et choisir un des moteurs de recherche proposés par le navigateur.
- ***Favoris :*** cliquez sur ce bouton pour visualiser tous les sites que vous avez mémorisés.
- ***Historique :*** cliquez sur ce bouton pour visualiser tous les sites que vous avez consultés précédemment.

Astuces

Vous pouvez consulter plusieurs sites en même temps en ouvrant plusieurs fenêtres de votre navigateur : *Fichier/Nouveau/fenêtre* (Microsoft Internet Explorer) ou *Fichier/Nouveau navigateur* (Netscape).

▪ Fiche n°3 ▪ Trouvez facilement sur le Net et faites gagner du temps à vos managers

Vous recherchez de l'information sur le Web? Les moteurs de recherche sont là pour vous aider. Voici quelques astuces pour choisir le plus pertinent et optimiser vos requêtes.

1 ▪ Choisissez le bon outil

- Si vous recherchez un site précis (ex. : celui d'un organisme de formation) ou un site sur un thème particulier (le droit international), utilisez un annuaire de recherche.
  Exemples : yahoo.fr, voila.fr, lycos.fr, etc.
- Si vous recherchez de l'information sur un sujet spécifique (la maladie de Huntington), optez pour un moteur de recherche pur.
  Exemples : altavista.fr, goggle.fr, lokace.fr, etc.
- Si vous recherchez des informations si précises que ni les annuaires ni les moteurs de recherche purs, les plus puissants, n'ont pu vous fournir, choisissez la solution du méta-moteur de recherche. Celui-ci soumet vos requêtes en même temps à plusieurs moteurs de recherche et annuaires, et sélectionne pour vous les réponses les plus pertinentes.
  Exemple : ariane6.com ou Copernic (utilitaire à télécharger sur telecharger. com)

2 ▪ Optimisez vos mots-clés

- Utilisez des termes descriptifs et spécifiques plutôt que des termes d'ordre général.
  Exemple : Ferrari plutôt qu'automobile.
- Privilégiez les lettres minuscules et le singulier.
- Utilisez l'astérisque (*) pour trouver toutes les occurrences d'un mot (Attention : tous les moteurs de recherche n'acceptent pas l'astérisque).
  Exemple : jardin (pour jardin, jardinage, jardinier, jardinerie, etc.).*
- Indiquez les guillemets « » pour considérer les mots comme une expression.
  Exemple : «charte graphique».
  Si vous n'indiquez pas les guillemets, la recherche se fait sur tous les documents qui comportent soit charte, soit graphique, soit les deux, mais pas forcément accolés.
- Affinez votre recherche grâce aux opérateurs + ou –
  Exemples : +secrétaire +assistante, ou encore, +café +robusta -arabica +Brésil
  Pour inclure un mot, insérez le signe plus (+) avant celui-ci sans espace. Au contraire pour exclure un mot, insérez le signe moins (-). Vous précisez ainsi votre requête, ce qui est particulièrement utile dans le cas de termes ayant un synonyme.

- Combinez toutes les possibilités.
  Exemple : +outils +«nouvelles technologies» +secrétaire -«Lotus Notes» -Outlook
- Faites vos requêtes dans la même langue que celle des informations que vous recherchez.
  Les moteurs de recherche vous proposent généralement de choisir la langue traitant du sujet de votre requête ; cela vous permet de rejeter tous les sites formulés dans d'autres langues. C'est particulièrement utile lors de recherches sur des termes étrangers (ex. : webmaster).

N'oubliez pas les forums de discussion pour échanger avec des passionnés ou des experts

Vous cherchez une réponse à une question? D'autres internautes l'ont sûrement. Alors, ayez recours aux forums ! Les forums de discussion sont des conférences électroniques dans lesquelles vous échangez avec d'autres dans un cadre informel au moyen de courriers électroniques. C'est aussi un moyen de poser vos questions et d'échanger vos trucs et astuces.

- **Voici une liste non exhaustive de forums intéressants**

Microsoft : www.microsoft.fr
Des forums sur toutes les applications Microsoft : Word, Excel, Powerpoint, Frontpage, etc.

Onlineformapro : www.onlineformapro.com/forum.htm
La bureautique, le graphisme, etc.

Super-secrétaire : www.super-secretaire.com
L'euro, travailler à l'étranger, les bons plans, etc.

Formaguide : www.formaguide.com/phorum/
Bureautique, communication, comptabilité, secrétariat, graphisme, marketing, ressources humaines, etc.

▪ Fiche n°4 ▪ Conservez vos meilleures adresses Web

Pensez à enregistrer les sites intéressants sur lesquels vous surfez. Vous pourrez y retourner plus vite.

1 ▪ Enregistrez toutes les adresses intéressantes

Lorsqu'un site vous paraît pertinent :

- cliquez dans *Favoris* (si vous utilisez Internet Explorer) ou *Signets* (pour Netscape),
- puis, dans *Ajouter aux favoris* ou *Ajouter Signets.*

Voilà votre site est en mémoire… Lorsque vous vous reconnecterez à Internet, vous pourrez aller directement visiter ce site favori en cliquant sur son nom dans votre répertoire (accessible par le menu *Favoris* ou *Signets*). Un seul clic et il apparaîtra directement à l'écran…

2 ▪ Gérez votre répertoire d'adresses Web

Le nombre de sites enregistrés comme *Favoris* (ou *Signets*) devient très vite important. Pour les structurer, vous pouvez les classer, les supprimer, les renommer, comme vous le faites déjà pour vos fichiers et dossiers.

▪ Créez-vous des dossiers

N'hésitez pas à créer des dossiers pour classer vos sites (ex : un dossier voyage contenant l'adresse de la SNCF ; un dossier Outils de recherche listant les adresses d'altavista…).

- Sous Internet Explorer : *Favoris/Organiser les favoris/Créer un dossier.*
- Sous Netscape : *Signets/Modifier les signets*, puis *Fichier/Nouveau dossier.*

Attribuez un nom au dossier, puis faites glisser à l'intérieur les sites ou dossiers que vous souhaitez qu'il contienne.

▪ Supprimez les sites inintéressants

Il est également important de vérifier de temps à autre que vous utilisez régulièrement les favoris référencés. Vous pourrez alors supprimer tous ceux qui ne vous servent plus.

- Internet Explorer : *Favoris/Organiser les favoris.* Sélectionnez le site et cliquez sur *Supprimer.*
- Netscape : *Signets/Modifier les signets.* Sélectionnez le site et cliquez sur *Supprimer.*

▪ Renommez le signet ou le favori

- Internet Explorer : *Favoris/Organiser les favoris.*
  Sélectionnez le site, cliquez sur *Renommer* et attribuez-lui un nouveau nom.
- Netscape : *Signets/Modifier les signets*, puis *Édition/Propriétés des signets*
  Saisissez le nouveau nom dans le champ consacré.

3 ■ Classer pour retrouver

Classer, ranger, archiver : où est la différence ?

Classer C'est utile, indispensable et même intéressant !	C'est l'opération intellectuelle qui vous permet de dire que « Bideau » vient avant « Champion » (classement alphabétique), que les dossiers « initiation Internet » et « anglais téléphonique » appartiennent à la rubrique Formation (classement thématique) ou que le dossier 136 vient avant le dossier 137 (classement numérique). Pour cela, vous n'avez pas besoin de manipuler dossiers ou documents, c'est une opération abstraite, une opération de l'esprit.
Ranger C'est le moins intéressant !	C'est la manipulation physique des dossiers. En général, c'est plutôt à ce moment-là que le classement prend l'allure d'une corvée ! Mais il s'agit bien d'une opération différente du classement.
Archiver C'est vivant ! quoi qu'on en pense !	Les documents prennent la qualité « d'archives » dès qu'ils sont émis ou reçus, leur date n'entre pas en ligne de compte et on distingue trois types d'archives : • Les archives courantes : elles correspondent aux affaires en cours dont la consultation est fréquente. • Les archives intermédiaires : elles recouvrent d'une part les affaires terminées dont la consultation est épisodique et d'autre part, les documents auxquels s'appliquent des prescriptions légales avant archivage définitif. • Les archives définitives : elles ont subi des tris et des éliminations. Elles sont conservées indéfiniment du fait d'une obligation légale ou d'un intérêt historique.

Voici huit fiches pratiques :

1 ■ Posez un diagnostic.
2 ■ Fixez-vous les étapes, les moyens et les délais.
3 ■ Soyez méthodique avec votre classement.
4 ■ Créez votre plan double ou triple accès, accessible à tous.
5 ■ Organisez votre classement micro.
6 ■ Classez vos messages électroniques.
7 ■ Préparez vos archives.
8 ■ Archivez vos messages électroniques.

▪ Fiche n°1 ▪ Posez un diagnostic

Critères d'efficacité	Votre classement répond-il à ces critères? si non… remplissez la colonne « pistes d'amélioration »	Cochez les pistes d'amélioration et fixez-vous une date
Accessible à tous	• Tout utilisateur potentiel peut retrouver un dossier. • Votre mémoire ne tient pas lieu de méthode. • Votre logique n'est pas forcément celle des autres: vous l'avez expliquée et vous consultez les utilisateurs sur le choix des titres.	❑ ❑ ❑
Rapide d'accès	• L'information est disponible immédiatement et vous classez tout aussi rapidement. • Vous avez analysé: - le choix du matériel - la visibilité des titres - la structuration homogène des dossiers - la taille des dossiers (maximum 3 cm) - le contenu des armoires qui ne doit pas contenir des dossiers vivants et des dossiers archivages	❑ ❑ ❑ ❑ ❑ ❑
Fiable	Votre classement: • Est à jour. • Permet d'éviter des erreurs. • Est exempt de doublons, de documents inutiles ou obsolètes. • Assure une certaine confidentialité. • Contient des dossiers aux titres précis (pas de dossier divers).	 ❑ ❑ ❑ ❑ ❑
Évolutif	Votre classement permet: • L'ajout ou la suppression facile et rapide de dossiers, sans manipulation multiple. • De ne pas déplacer physiquement un dossier lorsqu'il change de nom.	 ❑ ❑
Au moindre coût	Vous avez étudié le coût financier lié: • Au matériel (meubles, dossiers). • Au temps passé (aux recherches, aux mises à jour). • À l'espace utilisé (coût du m^2 occupé). • Au papier (photocopies, doublons).	 ❑ ❑ ❑ ❑

Fiche n°2
Fixez-vous les étapes, les moyens et les délais

Une fois le diagnostic établi, indiquez dans cette check-list ce qu'il vous reste à faire :

Phases	Déjà fait	À faire
1re phase : faites l'état des lieux		
• Faites l'inventaire des dossiers.	❑	❑
• Sélectionnez les dossiers : très vivants et ceux qui posent problème (ceux à restructurer = > c'est par eux qu'il faut commencer).	❑	❑
• Évaluez le budget temps et matériel.	❑	❑
• Construisez l'argumentation pour convaincre vos responsables et utilisateurs.	❑	❑
• Présentez votre projet (méthode, budget, temps).	❑	❑
2e phase : menez à bien l'organisation		
• Restructurez et retitrez les dossiers.	❑	❑
• Faites valider les titres par les utilisateurs (sont-ils parlants pour eux).	❑	❑
• Numérotez-les.	❑	❑
• Si vous choisissez un plan triple accès, définissez avec les utilisateurs les différents thèmes.	❑	❑
• Rédigez le plan de classement définitif.	❑	❑
• Affichez et diffusez votre plan.	❑	❑
• Peaufinez la signalisation sur vos armoires et dossiers.	❑	❑
3e phase : faites vivre votre classement		
• Mettez vos dossiers à jour régulièrement.	❑	❑
• Épurez-les en temps réel.	❑	❑
• Faites la mise à jour de votre plan de classement en temps réel.	❑	❑
• Archivez les dossiers ou les parties de dossiers terminés.	❑	❑
• Diffusez les mises à jour.	❑	❑

Fiche n°3
Soyez méthodique avec votre classement

Le classement n'est pas votre fort : vous y passez du temps, vous trouvez cela fastidieux. Et si vous changiez votre manière de faire ? En réalité, le classement n'est qu'une question de méthode.

1 ▪ Créez des dossiers peu volumineux, avec un titre parlant et structurez-les !

Le choix du titre du dossier est important. C'est lui que vous allez utiliser pour rechercher. Afin de bien titrer, vous devez :

- Maîtriser votre environnement professionnel : connaître l'activité, les collaborateurs, leurs rôles, et leur façon de travailler.
- Être à l'écoute et savoir poser des questions, mais aussi vous poser les bonnes questions : quelle question se posera l'utilisateur pour retrouver ce document ? comment formulera-t-il sa demande ? si j'allais le rechercher, quelle question me poserais-je ?

Pour bien structurer un dossier :

- Optez pour de « petits » dossiers ; épurez-les ; jetez et archivez les parties qui ne sont plus d'actualité. Si ce n'est pas suffisant : scindez-le en autant d'unités que nécessaire.
- Adaptez les titres au plus près de la demande. Ne créez pas de dossiers « Divers », créez des dossiers « Temporaires » avec des titres précis que vous pourrez retrouver facilement et triez-les régulièrement. Il n'est pas interdit de créer un dossier avec une seule feuille (cela peut être un début).

2 ▪ Optez pour un rangement numérique : vos dossiers auront une adresse de rangement.

- Numérotez vos dossiers dans l'ordre où ils se trouvent dans votre armoire.

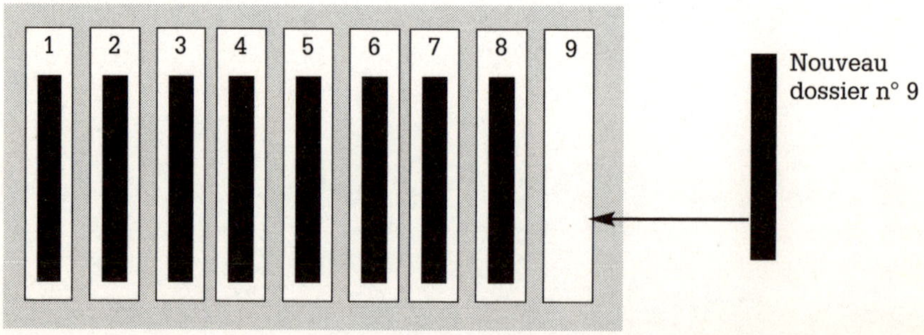

▪ Lorsqu'un dossier est enlevé de l'armoire (archivage, suppression), l'espace vacant peut être occupé par le prochain dossier à classer.

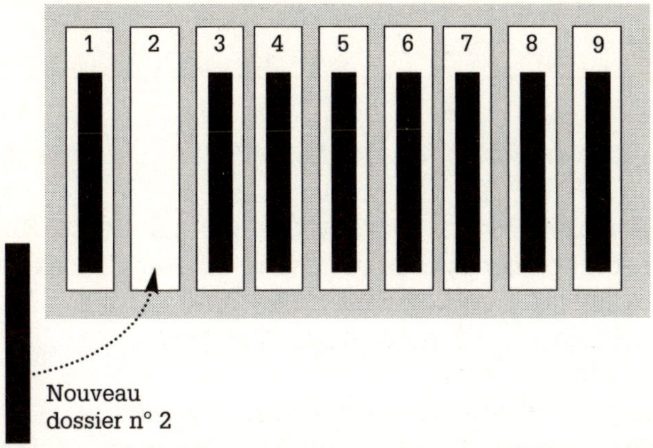

Les dossiers suspendus sont le support idéal pour les dossiers très vivants : vous les sortez et les rangez plus rapidement que des boîtes ou des classeurs. Si vous ne pouvez les utiliser, les chemises cartonnées feront très bien l'affaire.

3 ▪ Établissez un plan de classement grâce à votre ordinateur

Le plan de classement est le document qui mentionne tous les dossiers que vous possédez et en indique l'adresse. Ex : Dossier Article Presse = n°1. Il peut être simple (plan double accès) ou plus sophistiqué (plan triple accès, c'est-à-dire avec une thématique associée aux dossiers).

N.B. : Ne faites pas un plan triple accès si un plan double accès est suffisant !

Dans tous les cas, votre tableur (ex : Excel) vous permet :

- de le réaliser très facilement ;
- de le maintenir propre et à jour ;
- de le diffuser à tous les utilisateurs ;
- de le trier par thème (si vous choisissez le plan triple accès) ou par titre selon les besoins ;
- de rechercher sur un mot-clé le titre d'un dossier (en cas de problème aigu !).

Pour plus de détails, reportez-vous à la fiche suivante.

▪ Fiche n°4 ▪ Créez un plan double ou triple accès, accessible à tous

Vous avez décidé de créer le plan de classement de vos dossiers. Voyons comment faire.

- Lancez Excel et créez un tableau à trois colonnes (dans le cas d'un plan triple accès) : N°, Nom des dossiers, Thèmes. Il est également possible de faire un plan de classement avec quatre accès (avec des sous-thèmes) si cela s'avère nécessaire.
- Saisissez le nom des dossiers dans l'ordre où ils se trouvent dans l'armoire.
- Affectez-leur un numéro (adresse de rangement).
- Indiquez le thème auquel ils se rapportent (thèmes définis avec vos managers).
- Pour chaque dossier qui le nécessite, insérez une ligne supplémentaire afin d'indiquer l'autre titre sous lequel vous aimeriez également le retrouver. (Exemple : « Articles de presse », vous souhaitez également retrouver ce dossier à « Presse »)
  ***Attention**: n'oubliez pas d'attribuer le même numéro de dossier à ce 2e titre.*

N°	Nom des dossiers	Thèmes
1	Articles de presse	Communication interne
1	Presse (articles)	Communication interne
2	Budget formation 2001	Formation
3	Factures formation	Formation

- Triez, par ordre alphabétique, la liste des dossiers et imprimez-la.
  Commande : *Données/Trier*, puis sélectionnez colonne B (ou colonne C) comme clé de tri et indiquez, *Ordre croissant*.

N°	Nom des dossiers	Thèmes
1	Articles de presse	Communication interne
2	Budget formation 2001	Formation
3	Factures formation	Formation
7	Fournitures de bureau (Sté Rapide Bureau)	Fournisseurs
12	Garage Renault	Fournisseurs
2	Initiation à Internet	Informatique
18	Informatique (modes opératoires)	Informatique
2	Internet (initiation)	Informatique
5	Journal interne	Communication interne
18	Modes opératoires (informatique)	Informatique
32	Presse (articles)	Communication interne
7	Rapide Bureau Sté (fournitures)	Fournisseurs
12	Renault (garage)	Fournisseurs

Comme vous le constatez et, pour répondre aux logiques de chacun, certains vont rechercher le garage Renault à « Renault » et d'autres à « Garage ». Dans ce cas, vous saisissez les deux comme dans l'exemple précédent mais ces deux lignes ne renvoient qu'à une même adresse de rangement (dans notre exemple à l'emplacement n°12).

Vous pouvez imprimer votre document comme vous l'entendez, en fonction de vos préférences ou de celles des autres : avec le thème ou sans le thème, le numéro à gauche ou à droite, etc.

▪ Fiche n°5 ▪ Organisez votre classement micro

1 ▪ Structurez votre disque dur

De plus en plus souvent, les entreprises mettent à disposition des serveurs sur lesquels stocker les données. C'est la meilleure solution qui s'offre à vous pour conserver vos documents. Des sauvegardes sont régulièrement réalisées, ce qui évite la perte éventuelle de données. Si ce n'est pas le cas et que vous disposez d'une unité D, enregistrez tous vos documents et dossiers dessus et réservez l'unité C à vos applications. Si le disque dur dispose d'une seule unité C, vous pouvez utiliser le dossier *Mes documents* de votre unité C, prévu à cet effet. Quoi qu'il en soit, regroupez tous vos dossiers au même endroit.

Vous pouvez structurer votre disque dur :

- par type de document ;
- par date ;
- par thèmes (rubriques, dossiers) ;
- par auteur ;
- en fonction du partage avec d'autres utilisateurs ;
- en fonction de l'utilisation des fichiers et de leur enregistrement sur disque dur, réseau, disquette…

L'opération d'enregistrement est importante. Lorsque vous demandez la commande *Fichier/Enregistrer sous* :

1. localisez l'unité d'enregistrement (A :, C :…) dans la zone *Enregistrer dans*, puis le dossier et/ou le sous-dossier dans lequel vous souhaitez classer votre document ;
2. donnez un nom à votre document dans la zone *Nom de fichier* ;
3. validez l'opération en cliquant sur le bouton *Enregistrer*.

> ***Astuce :*** lorsque vous ne retrouvez pas un document, jetez un coup d'œil dans le dossier *Mes documents*. Vos applications sont configurées pour enregistrer, par défaut, dans ce dossier.

Pour créer un sous-dossier au moment de l'enregistrement :

- Ouvrez le dossier dans lequel vous souhaitez intégrer un nouveau sous-dossier.
- Cliquez sur le bouton *Créer un dossier*, puis donnez-lui un nom.
- Ouvrez le sous-dossier et procédez à l'enregistrement.

En cliquant sur le bouton *Options*, vous pouvez également :

- Définir un mot de passe pour la lecture et l'écriture du document.
- Choisir d'affecter un mode « lecture seule » à votre document.

2 ▪ Réorganisez régulièrement le classement de vos documents

Réorganiser votre classement informatique, c'est déplacer vos documents d'un endroit à un autre ou en faire des copies, de manière à ce que tous les documents de même nature soient regroupés dans le même dossier.

Pour **copier un élément**, cliquez sur le document à copier, faites *Édition/Copier*, cliquez sur le dossier dans lequel vous voulez copier l'élément, puis faites *Édition/Coller*.

Pour **déplacer un élément**, cliquez sur le document à déplacer, faites *Édition/Couper*, cliquez sur le dossier dans lequel vous voulez déplacer l'élément, puis faites *Édition/Coller*.

3 ▪ Faites un plan de classement

Pour vous aider à accéder à un document ou le rechercher, rien de tel que de disposer d'un plan de classement, comme pour votre classement papier.

- Ouvrez votre explorateur Windows et déployez tous les dossiers en cliquant sur les « + » placés à côté de vos dossiers (dans la partie gauche de votre fenêtre).
- Faites une copie écran de votre arborescence (touche *Imprim écran*).
- Ouvrez Word et demandez la commande *Coller* pour obtenir l'image écran.

Si vos dossiers sont nombreux, il vous faudra peut-être faire plusieurs images écran.

Fiche n°6 Classez vos messages électroniques

La messagerie est aujourd'hui presque aussi utilisée que le téléphone. Il n'est pas rare de recevoir plusieurs dizaines de messages par jour. Classer sa messagerie est, là aussi, un bon moyen de gagner du temps.

Créez des dossiers personnels

Sous Microsoft Outlook
Effectuez la commande *Fichier/Nouveau/Dossier*, définissez un nom dans la zone *Nom*, sélectionnez un dossier si vous souhaitez créer un sous-dossier, validez par *OK*.

Sous Lotus Notes
Dans la base courrier, effectuez la commande *Dossier/Créer dossier*, définissez un nom dans la zone *Nouveau Dossier*, sélectionnez un dossier, si vous souhaitez créer un sous-dossier et validez par *OK*.

Classez vos messages dans vos dossiers

Classer manuellement
Dans Lotus Notes comme dans Microsoft Outlook, vous classerez vos messages en les glissant dans le dossier correspondant et vous les retrouverez en cliquant sur le nom du dossier.

Classer automatiquement
Vous pouvez définir des règles pour automatiser le classement des messages entrants. Ainsi, il est possible de :
- Transférer automatiquement certains messages vers une autre personne.
- Déplacer automatiquement les messages vers un dossier de votre messagerie.
- Supprimer automatiquement les messages en provenance d'un destinataire.

Pour ce faire, vous devez définir les règles de gestion de votre boîte aux lettres. Dans un premier temps, vous devez indiquer les éléments qui permettront de distinguer les messages entre eux, puis préciser les actions à effectuer sur les messages identifiés : à supprimer, transférer, déplacer, copier, etc.

> *Exemple : dès réception, tous les messages de Mr Doe seront transférés dans le Dossier « Projet PalmOS », tous ceux de Mr Smith seront supprimés, etc.*

Sous Microsoft Outlook

Effectuez la commande *Outils/Gestionnaire de la boîte de réception*, cliquez sur *Ajouter une Règle*, renseignez les zones des critères et des actions en fonction de vos besoins et validez avec le bouton *OK*. Votre nouvelle règle apparaît dans la fenêtre *Gestionnaire de la boîte de réception*. Vous pouvez à cet endroit modifier ou supprimer vos différentes règles à l'aide des boutons correspondants.

Sous Lotus Notes 5.0 uniquement

Dans le dossier *Règle*, cliquez sur le bouton *Nouvelle Règle*, précisez la condition, puis cliquez sur *Ajouter*. Précisez l'action à effectuer automatiquement sur les mémos et cliquez sur *Ajouter Action*. Cliquez sur *OK*, la règle s'affiche dans le dossier *Règle*. Vous pouvez, à cet endroit, modifier, supprimer ou désactiver vos différentes règles à l'aide des boutons correspondants.

▪ Fiche n°7 ▪ Préparez vos archives

Votre responsabilité est d'archiver les dossiers spécifiques à votre domaine d'activité (on les appelle dossiers d'attribution). Vous les archivez pour des raisons pratiques, historiques ou légales.
La documentation (revues, etc.) n'est pas à archiver, sauf si elle fait partie intégrante d'un dossier d'attribution. Enfin, l'archivage des documents internes reçus pour info ou action (notes de service, etc.) incombe au service émetteur.

Préparez leur rangement et assurez-leur une conservation matérielle

Vous devez éliminer tout ce qui peut altérer la conservation de vos documents, mais aussi tout ce qui peut augmenter le volume de papier dans votre local à archives. Rappelez-vous, le classement, donc l'archivage, doit être au moindre coût, *a fortiori* si vous le faites gérer par une entreprise extérieure.

Pensez à supprimer :
- les pièces métalliques (trombones, agrafes oxydables, épingles, attaches…) qui peuvent, en rouillant, abîmer vos documents ;
- les pochettes en plastique : elles altèrent l'encre ou se collent à elle et rendent vos documents illisibles ;
- les classeurs à anneaux : ils prennent trop de place.

Vous mettrez donc vos documents dans des chemisettes, elles-mêmes regroupées dans des chemises cartonnées, puis dans des boîtes à archives.

Gérez leur classement (préparation intellectuelle)
L'objectif pour gérer vos archives est le même que pour votre classement vivant : faciliter les recherches ultérieures.

▪ S'il existe une procédure maison
Suivez les consignes, complétez les documents à joindre aux dossiers que vous voulez archiver (bordereau de versement aux archives). Vos archivistes s'occuperont du reste (en particulier des destructions à prévoir et de l'indexation).

- **S'il n'y a pas de procédure : ayez votre plan d'archivage informatisé**

De la même manière que pour vos dossiers suivants, créez un plan de classement pour vos archives.

Vous devrez définir pour les dossiers que vous versez aux archives :

- le titre du dossier (son nom) ;
- le type de document (factures, étude...) ;
- les dates de début et de fin du dossier ;
- la date de destruction (en accord avec la législation, votre responsable et le service archives si vous en avez un) ;
- son adresse de rangement (numéro de boîte et lieu d'archivage : armoire, rangée d'archive...).

Titre	Type de document	Date de début et de fin	Date de destruction	Adresse (1) de rangement
Factures	Facture EDF	01/05/1999 au 30/04/2000	Janvier 2010	Armoire C, Étagère n°2 Boîte n°345
Garage Dupont	Contrat	1999	2009	Armoire B, Étagère n°1 Boîte n°178

(1) N.B. : Les boîtes d'archives ne doivent pas avoir de titre, mais juste une adresse de rangement.

▪ Fiche n°8 ▪ Archivez vos messages électroniques

Archiver devient nécessaire lorsque votre boîte aux lettres contient un grand nombre de messages. Attention, lorsque votre messagerie est pleine, plus aucun message n'est accepté. Ces derniers sont alors retournés à l'expéditeur.

L'archivage fait disparaître vos messages de votre boîte aux lettres ce qui libère de l'espace dans votre messagerie. Les messages ne sont pas supprimés, mais déplacés vers un autre dossier de manière à ce que vous puissiez les consulter ultérieurement.

Pour archiver

Sous Microsoft Outlook : Sélectionnez le fichier, puis *Fichier/Archiver.*
Sous Lotus Notes : Sélectionnez le fichier, puis *Fichier/base de documents/archiver.*

L'auto-archivage

Votre messagerie peut également archiver automatiquement certains messages lorsque ces derniers répondent à certains critères (essentiellement, l'ancienneté du message), c'est ce qu'on appelle l'auto-archivage.

Sous Microsoft Outlook : *Outils/Options*, dans l'onglet *Auto-Archivage*, définissez le paramétrage de l'auto-archivage.
Sous Lotus Notes : Sélectionnez le fichier, puis *Fichier/Base de documents/Archiver.* Définissez ensuite le paramétrage de l'auto-archivage.

La consultation des messages archivés

Sous Microsoft Outlook : Effectuez la commande *Fichier/Ouvrir un dossier spécial/Dossier personnel.* Sélectionnez votre dossier *Archive* (nommé archive. pst) dans *C :/Mes documents.*
Sous Lotus Notes : À partir de la base courrier, sélectionnez la vue *Archives*, puis cliquez sur le bouton *Ouvrir base d'archives.* À partir de l'espace de travail, cliquez sur l'icône de votre base *Archive*, sélectionnez la vue *Tous documents* et ouvrez les messages comme vous le faites traditionnellement.

Chapitre IV

■ Écrire pour être lue et comprise

1 ■ Écrire lettres et messages percutants

L'explosion du courrier et des messages électroniques a entraîné une accélération des temps de réponse. Nous sommes en permanence obligées de faire du « ping-pong rédactionnel ».

En effet, il faut écrire vite, lire vite, répondre vite. Il est donc indispensable d'écrire pour être lue et surtout comprise.

Nos courriers ne doivent pas rester « lettres mortes ».

Voici deux fiches pratiques :

1 ▪ Ayez de la méthode pour rédiger.
2 ▪ Réussissez vos messages électroniques.

▪ Fiche n°1 ▪ Ayez de la méthode pour rédiger

Vous allez écrire une lettre. Deux cas de figure se présentent :

- ou il s'agit d'une première dont vous prenez l'initiative ;
- ou il s'agit de répondre à quelqu'un.

1 ▪ D'abord, fixez-vous un objectif clair

Posez-vous une question simple : quel est mon objectif ?
De la réponse à cette question dépendra la pertinence de votre lettre. Demandez-vous :

- J'écris à x, pourquoi ?
- ou plus exactement, je lui écris pour qu'il fasse quoi ?

En effet, nous n'écrivons pas pour écrire, mais pour que notre correspondant agisse dès réception de notre courrier.

Prenons quelques exemples pour formuler votre objectif

Ne dites pas!	Dites plutôt!
J'écris à x pour lui demander une documentation sur…	Je lui écris pour qu'il m'envoie tel document avant le…
J'écris à x pour solliciter une remise.	Je lui écris pour qu'il me consente une remise de…
J'écris à x pour lui proposer un rendez-vous.	Je lui écris pour qu'il m'accorde un rendez-vous entre le… et le…
J'écris à x pour lui réclamer un avoir.	Je lui écris pour qu'il me fasse parvenir un avoir avant le…

2 ▪ Puis, construisez votre lettre autour de l'objectif visé

Vous n'aurez plus qu'une idée en tête : argumenter pour que le destinataire de votre courrier ait envie de faire ce que vous voulez, par exemple :

- qu'il vous envoie tel document avant le…
- qu'il vous fasse parvenir un avoir avant le…
- qu'il vous accorde un rendez vous entre le… et le…
- qu'il vous commande un livre, un voyage, une table…
- qu'il tombe d'accord avec votre proposition en réponse à sa réclamation…

3 ▪ Pour cela, adoptez une (vieille) méthode de vente : AIDA

Elle vous permet de suivre un ordre logique et de donner une allure dynamique à tout courrier.

A ▪ comme Attirer l'attention

- Entrez dans le vif du sujet !
- Ne reprenez pas ce qui peut être mis dans l'objet de la lettre.
- Commencez par « Vous » et faites en sorte que dès le premier paragraphe, votre correspondant puisse dire : « oui, je me reconnais bien dans la situation décrite ».
  Ex. : Vous souhaitez recevoir une documentation sur…

I ▪ comme susciter l'Intérêt

- Trouvez des idées pour susciter l'intérêt de votre lecteur et lui donner envie de lire la suite.
  Ex. : Nous allons justement publier une mise à jour de cette documentation dans trois semaines.

D ▪ comme Démontrer que c'est son intérêt

- C'est une question d'argumentation. Vous aurez sélectionné les meilleurs arguments par rapport à votre objectif.
  Ex. : Certes vous pouvez disposer de la version actuelle immédiatement, mais en attendant trois semaines, vous bénéficierez de…

A ▪ comme pousser à Agir dans votre sens

- C'est le moment de conclure et d'emporter la décision de votre correspondant, celle qui vous permettra d'atteindre votre objectif.
  Ex. : Un simple coup de fil au… me permettra de vous adresser immédiatement la documentation actuelle et/ou de vous mettre sur la liste des premiers destinataires de la version future…

La méthode AIDA s'applique aussi bien aux courriers dont vous prenez l'initiative qu'aux lettres de réponse que vous avez à rédiger.

> *Exemple : Vous listerez des arguments pour susciter l'intérêt de votre correspondant et lui démontrer que c'est son intérêt. Puis, vous sélectionnerez les plus percutants par rapport au but que vous poursuivez.*

Pour répondre à une lettre reçue		
Analysez la lettre reçue paragraphe par paragraphe. § 1 § 2 etc.	Recherchez des informations complémentaires et notez-le ici. § 1 § 2	Trouvez les éléments de réponses possibles. § 1 § 2

Quel est mon objectif ? J'écris à x pour qu'il…

Quels sont parmi les éléments de réponses possibles ceux qui concourent le plus au but que je poursuis ?
-
-
-
-

- Organisez alors vos éléments de réponses dans l'ordre AIDA.
- Enfin choisissez la formule de politesse adaptée.
  Aidez-vous de Word en utilisant la commande *Insertion/Insertion Automatique/Formule de politesse.*
- Prenez le temps de relire correctement.

▪ Fiche n°2 ▪ Réussissez vos messages électroniques

La messagerie tend à devenir l'outil de communication numéro 1. Voyons un peu comment gagner en efficacité.

Favorisez la lecture rapide des messages

- Identifiez correctement vos correspondants.
  - ➢ Interlocuteurs principaux (*A* : ou *Pour* :)
  - ➢ En copie. (*CC*)
  - ➢ En copie cachée invisible. (*CCI* ou *CCC*)
- Indiquez systématiquement un objet : l'information principale qui résume la nature de votre message.
- N'oubliez pas de signer vos messages pour préciser vos coordonnées à vos utilisateurs. Ils pourront ainsi vous joindre plus facilement.
- Écrivez des messages clairs, concis et structurés.
  - ➢ Utilisez « sujet + verbe + complément » qui constituent les bases d'une structure de phrase correcte.
  - ➢ Mettez l'information principale en début de ligne.
  - ➢ Soyez vigilante aux fautes d'orthographe.
  - ➢ Faites référence au message auquel vous répondez.
- Limitez la longueur des messages pour ne pas effrayer votre correspondant. Plus un message est long, plus il est lu en diagonale.
- Évitez les majuscules et les acronymes souvent inconnus donc incompréhensibles (ex. : ASAP c'est-à-dire « As Soon As Possible » soit « Dès que possible »).
- Donnez la réponse à côté ou en dessous de la question et faites-la ressortir par un signe distinctif (ex : couleur différente).
- Utilisez le « ! » pour préciser le caractère important de votre message.

Faites attention à vos pièces jointes

Le nombre

- Limitez le nombre de pièces jointes.
  Si ce n'est pas possible, envoyez plusieurs messages et répartissez les fichiers joints.

Le format

Spécifiez le format de fichier joint et la version de l'application utilisée.
(Ex : « Documentation.doc (Word 97) »)

Utilisez un format de fichier que votre correspondant pourra lire.

- Si votre correspondant travaille en Mac et vous en PC (ou le contraire) et/ou avec un logiciel de traitement de texte différent : enregistrez votre document au format RTF (Rich Text Format). Ce format conserve une mise en forme relative du document et pourra être lu par votre correspondant. Pour cela, effectuez la commande : *Fichier/Enregistrez sous*. Ouvrez le menu déroulant associé au format de fichier et choisissez le format RTF.
- Si votre correspondant utilise une version inférieure de logiciel (ex. : Word 95 alors que vous travaillez sous Word 2000), enregistrez votre document dans une version inférieure. Effectuez la commande : *Fichier/Enregistrer sous*. Ouvrez le menu déroulant associé au format de fichier et choisissez le format adapté (ex. : word 6.0/95).
- Si vous souhaitez que le document conserve la même mise en page à l'impression, et ce, quelle que soit l'imprimante utilisée, munissez-vous du logiciel Acrobat et enregistrez le document au format PDF (Portable Document Format).

La compression

- Compressez tous les fichiers attachés de plus de 500 Ko.
  Pour ce faire, vous pouvez utiliser Winzip. Si vous n'en disposez pas, celui-ci est diffusé gratuitement sur www.telecharger.com.
  - ➢ *Pour compresser un fichier*
    - Créez l'archive (soit le dossier qui contiendra les fichiers compressés) par la commande *Fichier/Nouvelle archive*. Indiquez ensuite le nom de l'archive et l'endroit où vous souhaitez la conserver, puis cliquez sur *OK*.
    - Sélectionnez le(s) fichier(s) que vous souhaitez compresser, précisez le taux de compression, puis cliquez sur *Ajouter*.
  - ➢ *Pour décompresser un fichier compressé*
    - Double-cliquez sur l'archive.
    - Sélectionnez le(s) fichier(s) compressés, puis cliquez sur le bouton *Extraction* de la barre d'outils.
    - Identifiez le dossier dans lequel vous souhaitez enregistrer le fichier décompressé, puis cliquez sur *Extraction*.

Les virus

- Lors de la réception d'un message, si vous ne connaissez pas l 'émetteur ou que la pièce jointe vous semble suspecte, ne l'ouvrez pas. En effet, il peut s'agir d'un virus. Pour connaître les virus ou pièges Internet, allez sur le site internet : www.hoaxbuster.com.

Surtout, prenez un temps de réflexion avant l'envoi…

- N'oubliez pas les fichiers joints. Pour éviter d'envoyer des messages sans les fichiers joints, prenez le réflexe de n'indiquer le destinataire qu'à la fin.

- Corrigez les coquilles et les éventuelles fautes d'orthographe.
- Vérifiez qu'aucune information importante n'a été oubliée.
- Assurez-vous des bons destinataires.
- Prenez du recul par rapport à votre message.

Créez des listes de diffusion, pour gagner du temps…

Vous diffusez régulièrement des informations aux mêmes destinataires. Créez des listes de diffusion spécifiques. Pour transmettre le message à tous en même temps, il suffira de sélectionner la liste.

N'oubliez pas de les mettre à jour : si un collaborateur quitte le service puis est remplacé… pas de problème : supprimez son nom et saisissez la nouvelle adresse. Une liste peut contenir un grand nombre d'adresses. Vous pouvez vous créer autant de listes que nécessaire.

Sous Microsoft Outlook

- Dans votre carnet d'adresses (*Outils/Carnet d'adresses*), effectuez la commande *Fichier/Nouvelle entrée.*
- Sélectionnez *Liste de distribution personnelle* puis cliquez sur *OK.*
- Donnez-lui un nom puis cliquez sur *Ajouter/Enlever membres* et identifiez les noms des membres de la liste.
- Validez par *OK.*

Sous Lotus Notes

- Dans votre carnet d'adresses personnel, sélectionnez *Groupe.*
- Cliquez sur *Ajouter Groupe* puis définissez un nom, une description, un type, puis cliquez sur la flèche à côté de Membres pour identifier les membres de la liste.
- Validez par *OK.*

2 ■ Réussir ses comptes rendus de réunion

Réussir à diffuser un compte rendu synthétique et fiable dans un temps record est tout un art qui fait appel à de nombreuses compétences : connaissance des sujets traités, esprit de synthèse, qualités rédactionnelles, sens esthétique.

Voici cinq fiches pratiques :

1 ▪ Préparez-vous en posant les bonnes questions.
2 ▪ Ayez de la méthode dans votre prise de notes.
3 ▪ Restructurez vos notes rapidement.
4 ▪ Adoptez un style approprié.
5 ▪ Diffusez un compte rendu flash utile.

Fiche n°1 Préparez-vous en posant les bonnes questions

Quoi? (De quoi va-t-on parler)	• Est-ce que je connais l'ordre du jour. • Est-ce que je connais les sujets ou les affaires qui y seront traités. • Suis-je familiarisée avec le jargon?	• Cela vous permettra d'avoir des repères tout au long de la réunion. • Vous ne serez pas dépaysée et serez sûre de comprendre de quoi on parle. Sinon, vous risquez fort de vouloir tout noter et de ne pas arriver à tout suivre.
Pourquoi?	• Quel est l'objectif de la réunion? • Est-elle pour information? Pour action? Pour mémoire?	• Vous ne prendrez pas des notes de la même façon s'il s'agit d'informer des absents, de synthétiser des décisions prises ou de garder les minutes d'une réunion de délégués du personnel.
Qui est où?	• Qui sont les participants, saurai-je les reconnaître?	• Si vous ne les identifiez pas, vous aurez bien du mal à rendre à César ce qui est à César quand il prendra la parole. (Préparez toujours des porte-noms.)
	• Quelle est leur fonction et leur « importance »?	• Connaître leur rôle peut vous aider à décider de noter ou non ce qui se dit.
À qui?	• À qui est destiné le compte rendu?	• Les présents, les absents? • Des experts du sujet? des néophytes? Vous ne rédigerez pas votre compte rendu de la même façon.
Quand?	• Quel délai me laisse-t-on pour diffuser mon compte rendu?	• Répondre à cette question est essentiel pour gérer vos priorités.
Comment?	• Comment vais-je prendre des notes?	• En clair, en sténographie ou sténotypie? En écriture abrégée ou avec vos propres abréviations? La sténo pourra être utile si vous devez faire un procès-verbal. Dans tous les autres cas, vous aurez intérêt à suivre nos conseils.
	• Quel style doit avoir mon compte rendu?	• Style littéraire très rédigé ou synthétique, voire télégraphique. Demandez au signataire du compte rendu avant de vous lancer dans la rédaction.
	• Comment vais-je le diffuser?	• Par les moyens traditionnels (photocopie, courrier interne et poste) ou par e-mail. N'oubliez pas de récupérer toutes les adresses postales ou électroniques le plus tôt possible.

▪ Fiche n°2 ▪ Ayez de la méthode dans votre prise de notes

1 ▪ Préparez votre prise de notes

Choisissez plutôt des feuilles 21x29.7 cm – format paysage, numérotées d'avance (ou au fur et à mesure) et ainsi préparées.

1 - Qui?	2 - Parle de quoi?	3 - Que disent les participants?	4 - Mots-clés	5 - Vos réflexions
Notez ici les initiales de celui qui parle.	Écrivez ici le point de l'ordre du jour en cours de déroulement. *(1 ou 2 mots doivent suffire à le résumer.)*	Prenez ici en abrégé ce qu'ils disent d'essentiel *(et qui n'est pas hors sujet par rapport à l'objectif de la réunion).*	Dès que vous avez une minute, écrivez ici le ou les mots-clés les plus significatifs. *(Ils vous seront très utiles pour restructurer rapidement vos notes).*	Notez ici vos questions, et à qui les poser quand vous n'avez pas bien compris. *(Vous les poserez sur-le-champ si vous le pouvez, sinon à la sortie de la réunion.)*

Enfin, ayez près de vous un glossaire du jargon technique que vous maîtrisez mal. Vous serez plus à l'aise en cas de besoin. Vous viendrez le compléter après chaque réunion et le trierez par ordre alphabétique pour la prochaine fois.

Jargon (classé par ordre alphabétique)	**Définition**
•	•
•	•
•	•
•	•

2 ▪ Développez votre capacité d'écoute et de compréhension

C'est essentiel. Pour cela :

- Vous devez changer fondamentalement votre façon de faire.
- Ne vous précipitez pas pour noter ce que le premier intervenant va dire.
- Prenez le temps d'écouter, de comprendre,... puis de noter.

  NB. : Au début vous aurez peur de perdre pied. Mais rappelez-vous : l'important n'est pas de tout noter, mais de noter l'essentiel. Et pour cela, il faut écouter et comprendre... puis noter.

3 ▪ Sachez repérer les mots « annonciateurs » et « les mots-clés » dans votre prise de notes

Avec l'expérience, vous saurez rapidement repérer les mots annonciateurs et les mots-clés.

- Les mots annonciateurs vous annoncent qu'on va aborder un thème (point de l'ordre du jour) ou… qu'on va en changer. Ils peuvent aussi annoncer qu'on va revenir en arrière…, à un thème déjà traité. En effet, il y a souvent des allers-retours dans le déroulement d'une réunion !
- Dès repérage, notez-les vite dans la colonne « parle de quoi ? » ou « va parler de quoi ? »

Exemple : L'animateur de la réunion dit : « Tout d'abord merci de m'accueillir ce matin pour vous présenter le projet de formation tutorée à distance que nous avons développé pour les assistantes. J'espère qu'il vous passionnera autant que nous. Mais avant cela – et à la demande de Françoise Formid – laissez-moi vous faire un ***bref historique de la formation*** *à distance… » L'orateur nous annonce qu'il va faire un bref historique de la formation à distance…*

Qui ?	Parle de quoi ?	Que disent-ils ?	Mots-clés	Vos réflexions
	Ou de quoi va-t-on parler ? Mots annonciateurs : Ex. : **Historique**			

- Les mots-clés, eux, viennent après : en effet, ils résument en quelques mots ce qui vient d'être dit. Vous les inscrivez ici :

Qui ?	Parle de quoi ?	Que disent-ils ?	Mots-clés	Vos réflexions
			Résument ce qui vient d'être dit.	

- Au début, vous aurez sans doute du mal à les extraire en temps réel. Alors il vous suffira – après la réunion et sans tarder – de relire vos notes et de les dégager au fur et à mesure de votre relecture, tranquillement avant de vous mettre à rédiger quoi que ce soit.
- En tout état de cause, ce sont les mots-clés qui vous permettront ensuite de restructurer très vite vos comptes rendus.

▪ Fiche n°3 ▪ Restructurez vos notes rapidement

En relisant vos notes, vous avez extrait au fur et à mesure les mots annonciateurs et les mots-clés. Vous allez pouvoir restructurer vos notes rapidement.

Commencez par dessiner une bulle centrale avec au cœur, l'objet de la réunion

Dessinez autour autant de satellites que de points à l'ordre du jour

Vous les trouvez dans la colonne : « De quoi parle-t-on ? » dans votre formulaire de prise de notes.

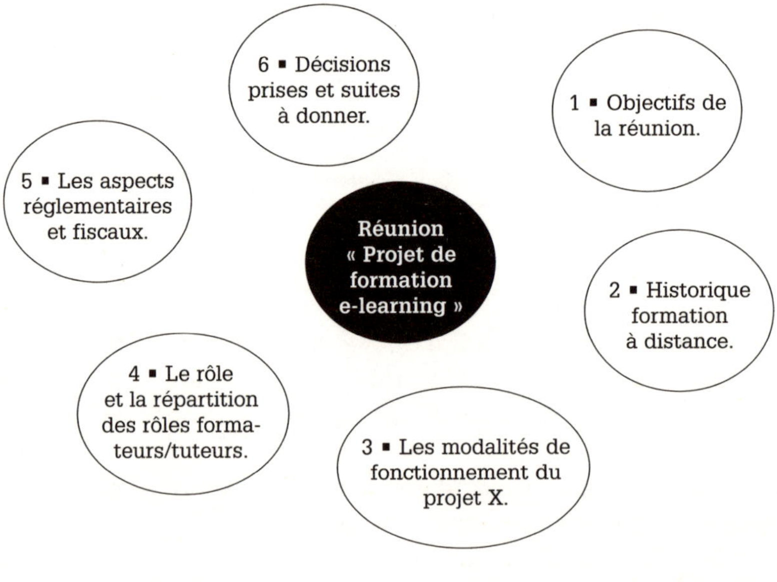

Puis, pour chacun des satellites, listez les mots-clés majeurs qui résument – à eux seuls – l'essentiel de ce qui a été dit.

Dans notre exemple, les mots-clés illustrant l'historique de la formation ont été : télé-enseignement, enseignement assisté par ordinateur (EAO), CD-Rom, etc. :

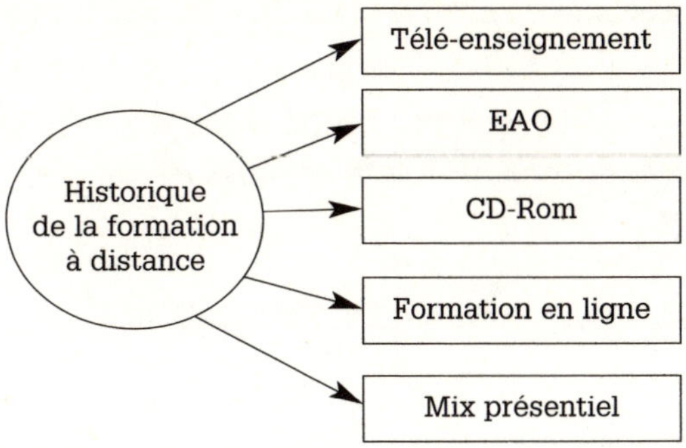

Vous voyez petit à petit se dessiner la structure de votre compte rendu, autrement dit son plan.

Maintenant vous allez pouvoir rédiger un premier jet

Il vous suffira de :

- reprendre vos notes ;
- relire tout ce que les participants ont dit concernant un même mot-clé ;
- vous concentrer et synthétiser dans votre tête ce que vous avez compris ;
- et enfin écrire un premier jet, avant de passer à l'étape suivante : rédiger dans un style approprié.

▪ Fiche n°4 ▪ Adoptez un style approprié

Voici quatre clés pour rédiger votre compte rendu dans un style adapté.
1 ▪ (Re) clarifier les caractéristiques de votre compte rendu.
2 ▪ Rédiger un premier jet.
3 ▪ Peaufiner l'écriture.
4 ▪ Adopter une présentation cohérente avec l'objectif visé.

1 ▪ Clarifiez les caractéristiques que doit avoir votre compte rendu

- Quelle est sa fonction ?
  - ➢ Informer ?
  - ➢ Agir ?
  - ➢ Garder une trace ?
- La réunion a-t-elle un caractère :
  - ➢ Formel ? (obligation juridique : ex. Conseil d'administration, Assemblée générale, comité d'entreprise)
  - ➢ Plutôt informel ? (réunion de travail)
- Qui sont les destinataires :
  - ➢ Les présents ?
  - ➢ Des absents ? sont-ils experts du sujet ou non ?
- Quel est le style du signataire du compte rendu ?
  - ➢ Littéraire, voire administratif ?
  - ➢ Concis, voire télégraphique ?

    NB : vous devrez écrire à la manière… du signataire !

2 ▪ Rédigez un premier jet

Ne cherchez pas à écrire bien du premier coup, vous perdriez beaucoup de temps. Suivez le conseil de Louis Timbal Duclaux : « Parlez dans votre stylo » ou mieux, directement à votre clavier d'ordinateur.

3 ▪ Peaufinez votre premier jet

- Imprimez votre premier jet, si vous avez travaillé directement sur micro.
- Puis, utilisez les outils de Jean Guénot, « le sabre, la colle et le plumeau ». En relisant d'un trait votre texte, faites comme lui ! N'hésitez pas à :
  - ➢ sabrer l'inutile ;
  - ➢ faire des flèches pour déplacer des paragraphes ;
  - ➢ annoter les défauts de lisibilité.

Puis revenez sur votre micro-ordinateur où les fonctions « couper, coller, remplacer » tiennent lieu de sabre et de colle.

- Enfin, donnez un dernier coup de plumeau lors d'une lecture finale en ayant soin de respecter le style du signataire.

Travaillez la lisibilité de votre compte rendu

Cette lisibilité dépend des facteurs suivants :

- La structure des paragraphes et des phrases.
- Le choix des mots.
- La correction orthographique et grammaticale.
- La qualité de relecture de vos documents (cf.. p. 146 et 147).
- Et la mise en page. C'est la valeur ajoutée de votre rôle. Posez-vous les questions suivantes :
  - ➢ Votre mise en page donne-t-elle envie de lire le compte rendu ?
  - ➢ Offre-t-elle des repères clairs : titres, sous-titres, paragraphes ?
  - ➢ Fournit-elle l'essentiel de l'information ?
  - ➢ Les points importants sont-ils mis en évidence ?
  - ➢ La typographie est-elle d'actualité (ou désuète) ?
  - ➢ Quelle image votre mise en page donne-t-elle de vous et de votre entreprise ?

Si vous ne savez pas répondre à ces questions, posez-les aux destinataires pour vous fixer des axes d'amélioration.

Et puis, n'oubliez pas d'observer les comptes rendus que vous recevez : il y a sûrement de bonnes idées à prendre.

4 ▪ Adoptez une présentation cohérente avec l'objectif visé

- Votre compte rendu est pour action et vous voulez donner une image de dynamisme : choisissez le compte rendu flash !
- Votre compte rendu est pour information ou pour mémoire : choisissez le compte rendu détaillé ! (cf.. fiche n° 5 ci-après.)

▪ Fiche n°5 ▪ Diffusez un compte rendu flash utile

Quand un compte rendu de réunion est diffusé pour action, il est important de ne pas tarder à informer des décisions prises et des suites à y donner, quitte à faire plus tard un compte rendu détaillé si cela s'avère utile.

Exemple n° 1 - *Compte rendu des décisions prises*

Réunion du: Présents: Absents: Diffusion: Prochaine réunion le:

Décisions prises:	**À mettre en œuvre par:**	**Pour le:**	**Commentaires:**
1 -			
2 -			
3 -			

Exemple n°2 - *Compte rendu plus détaillé*

Compte rendu de la réunion... du...
Présents: Absents: Excusés: Liste de diffusion: Prochaine réunion le:

Qui	**A dit quoi?**

Décision n° 1:	Suite à donner par:
Décision n° 2:	Suite à donner par:

NB : Un compte rendu sera d'autant plus utile que sa diffusion sera rapide.

3 ■ Relire efficacement ses documents

Qui doit relire les documents ? L'auteur, le signataire, l'assistante ?

On aurait envie de dire tous, car relire plusieurs fois, sous différents angles donne plus de garantie. Mais surtout :

- La relecture de documents fait appel à de nombreuses compétences pas toujours rassemblées sous une même casquette : compétences techniques sur le sujet, connaissance du français et des règles de lisibilité des textes, maîtrise des logiciels et de la mise en page…
- Et cela prend du temps… souvent au dernier moment, ce qui n'est pas le mieux.

Il faut bien le reconnaître, la relecture des documents est souvent négligée et nous n'avons pas appris de vraies techniques dans notre cursus scolaire.

Voici sept fiches pratiques :

1 ▪ Faites la chasse aux fautes d'orthographe les plus courantes.
2 ▪ Accordez correctement vos verbes.
3 ▪ Évitez les fautes de participe passé.
4 ▪ Adoptez une ponctuation rigoureuse.
5 ▪ Veillez à la lisibilité de vos textes.
6 ▪ Utilisez correctement les ressources typographiques.
7 ▪ Changez vos habitudes de relecture.

▪ Fiche n°1 ▪ Faites la chasse aux fautes d'orthographe les plus courantes

Êtes-vous sûre de l'orthographe des documents que vous saisissez ? Un document « truffé » de fautes fait mauvaise impression, alors voici quelques fautes parmi les plus courantes.

1 ▪ Contrôlez vos fautes d'orthographe

Davantage ou d'avantage : où est l'avantage ?	
• Davantage signifie « plus ». • D'avantage : ici on parle d'un avantage.	Nous n'avons pas d'avantage à faire davantage de fautes d'orthographe.
En tout cas et dans tous les cas : de quel cas s'agit-il ?	
En tout cas : il s'agit de n'importe quel cas (un cas ou un autre) donc au singulier. Dans tous les cas : il s'agit de tous les cas donc tous est au pluriel.	En tout cas. Dans tous les cas.
Délai ou délais ? Ne confondez pas avec relais !	
Aucune hésitation à avoir : un délai, des délais. Mais hélas : un relais, des relais.	Un délai, des délais. Un relais, des relais.
Infinitif ou participe passé : une question de savoir-faire	
Les verbes en **-er** ont la même sonorité à l'infinitif ou au participe passé. Ex. : acheter, acheté, chanter, chanté. Remplacez votre verbe par faire ou fait et le tour est joué.	J'ai acheté un livre (j'ai fait ; donc « é »). On peut acheter un livre (on peut faire ; donc « er »).
Leur ou leurs, ne vous leurrez pas !	
• Leur ne prend jamais de e. • Il est toujours invariable devant un verbe. • Leur devant un nom pluriel prend un s. • « Les leurs » est toujours au pluriel.	~~Leure~~. Je leur ai parlé. Les soldats ont reçu leurs armes. Les leurs.

Quelques ou quel que ou qu'elle ? Lequel choisir ?	
Qu'elle : On utilise *qu'elle* dès qu'il est possible de le remplacer par *qu'il*. *Quel que soit* • Toujours en deux mots lorsque celui-ci est suivi d'un subjonctif. • S'accorde avec le nom qu'il suit. *Quelque* en un seul mot = n'importe quel • S'il signifie n'importe quel, quelque est suivi d'un nom au singulier.	J'aimerais qu'elle le voie. J'aimerais qu'il le voie. Quel que soit votre âge. Quelle que soit votre ancienneté. Elle lui présentait quelque bon bouillon.
Quoi que et quoique	
Quoique s'écrit en un seul mot dès : • qu'il est suivi par un subjonctif. • que vous pouvez le remplacer par *bien que*. *Quoi que* s'écrit en deux mots dès que vous pouvez le remplacer par « n'importe quoi ».	Il faisait très chaud quoique ce **fût** le mois de mars. Quoique ou bien que très à l'aise, il dépense peu. Quoi qu'il arrive… S'il manque quoi que ce soit (s'il manque n'importe quoi), dis-le moi.
Quand deux verbes se suivent et ne se ressemblent pas	
Quand deux verbes se suivent, le second n'est pas forcément à l'infinitif. C'est une question de signification.	Cette maison, je l'ai vue construire, puis je l'ai vue construite.

2 ▪ Après avoir identifié les fautes, créez votre abécédaire

Il est parfois difficile de se rappeler l'orthographe exacte d'un mot ou d'une expression. Pourtant, ce n'est pas faute d'avoir cherché dans le dictionnaire, mais pour maintes raisons, un doute s'installe toujours en vous lorsque vous devez écrire…

Alors, créez votre propre abécédaire de tous ces petits problèmes que vous pose notre belle langue française !

Notez dans un répertoire à la lettre concernée le mot correctement orthographié et pourquoi pas, sa définition. Chaque fois que le doute s'installera, il vous suffira de sortir votre répertoire.

Fiche n°2 Accordez correctement vos verbes

Le verbe s'accorde avec le sujet : cherchez le sujet

• Pour trouver le sujet, posez-vous la question : qui est-ce qui ? Dès que vous l'avez trouvé, accordez votre verbe avec le sujet.	Nous chantons. Qui est-ce qui chante ? Nous. Nous chantons s'accorde avec nous.
• Méfiez-vous des inversions de sujet !	C'est moi qui suis le chef. Qui est le chef ? C'est moi (je suis le chef).
• Si le sujet est reporté après le verbe, le verbe s'accorde encore et toujours avec le sujet.	Il a eu la réaction qu'**imposent les circonstances**.
• Quand plusieurs personnes forment le sujet, regardez comment se constitue le groupe pour trouver l'accord : Paul et **moi** = **nous** Paul et **toi** = **vous** Paul et **d'autres personnes** = **ils**	Paul et moi (nous) sommes arrivés à 18h. Paul et toi (vous) avez bien travaillé. Paul, Pierre et Jacques (ils) sont allés au cinéma.

Après peu, beaucoup, trop

Accordez votre verbe avec le nom qui suit l'adverbe de quantité.	Peu de **gens partent** en vacances à l'étranger. Trop de **monde passe** ce pont.
Pour vous aider vous pouvez transposer la phrase au futur.	Peu de gens partiront en vacances à l'étranger. Trop de monde passera ce pont.

L'un et l'autre, ni l'un, ni l'autre, tel ou tel : faites ce que vous voulez

Après ces expressions, on peut utiliser le singulier ou le pluriel.	Ni l'un ni l'autre n'ont le choix ou ni l'un ni l'autre n'a le choix.

Après l'un ou l'autre : attention vous n'avez pas le choix

C'est l'un ou l'autre. Il ne peut y en avoir plusieurs, donc le verbe est au singulier.	L'une ou l'autre de ces personnes sera championne.

Un verbe impersonnel : aucun choix possible

Un verbe impersonnel est toujours au singulier.	Il passe de nombreux trains.

Moins de deux et plus de deux : attention danger

La logique mathématique voudrait que : Moins de 2 = 1 ou 0 Plus de 1 = 2 ou plus Mais, • « Moins de deux » commande le pluriel. • « Plus d'un » commande le singulier.	Moins de deux minutes suffisent à faire l'exercice. Plus d'une minute lui suffisait pour agir.

« La plupart » = presque tous

L'expression « la plupart » est presque toujours suivie d'un pluriel, sauf si elle est construite avec un nom singulier ; alors elle s'accorde au singulier.	La plupart écrivent ce mot ainsi. La plupart du temps se passera en jérémiades.

Fiche n°3
Évitez les fautes de participe passé

1. Ni « être », ni « avoir » 1.1. La porte ouverte.	**Qu'est-ce qui est ouvert ?**	**Réponse.** « Porte ».	**Accord ?** Oui
2. « Être » 2.1. La porte **est** ouverte. 2.2. La porte **a été** ouverte.	**Qu'est-ce qui est ouvert ?**	« Porte ». « Porte ».	Oui Oui
3. « Avoir » 3.1. La porte que nous **avons** ouverte. 3.2. Nous **avons** ouvert la porte. 3.3. Nous l'**avons** ouverte, la porte. 3.4. Nous **avons** ouvert.	**Nous avons ouvert qui ? quoi ?**	« Porte » placée devant. « Porte » placée après. « l' » placé devant. Pas de réponse.	Oui Non Oui Non
4. « Être » précédé d'un pronominal 4.1. Ils **se sont** vus. 4.2. Ils **se sont** parlé. 4.3. La glace qu'ils **se sont** offerte. 4.4. Ils **se sont** offert une glace. 4.5. Ils **se sont** rêvés présidents. 4.6. Ils **se sont** souvenus.	**On remplace « être » par « avoir ».** Ils ont vu qui ? quoi ? Ils ont parlé qui ? quoi ? Ils ont offert qui ? quoi ? Ils ont offert quoi ? Ils ont rêvé qui ? présidents. Peut-on dire « je souviens » ?	Eux (=se). Pas de réponse. « Glace » placée devant. « Glace » placée après. Eux. Réponse écrite devant. Non !	Oui Non Oui Non Oui Oui
5. « Avoir » suivi d'un infinitif 5.1. Les soldats que j'**ai** vu **amputer**. 5.2. Les soldats que j'**ai** vus **défiler**.	**Il faut poser deux questions.** J'ai vu qui ? Est-ce que les soldats amputent ? J'ai vu qui ? Est-ce que les soldats défilent ?	Les soldats. Non ! Les soldats. Oui !	Non Oui
6. Pronominal suivi d'un infinitif 6.1. Ils **se sont** vus **grandir**. 6.2. Ils **se sont** laissé **prendre**. 6.3. Ils **se sont** proposé **de venir**.	**Il faut poser deux questions.** Ils ont vu qui ? Est-ce que c'est eux qui grandissent ? Ils ont laissé qui ? Est-ce que c'est eux qui prennent ? Ils ont proposé qui ?	Eux. Oui ! Eux. Non ! Pas de réponse.	Oui Non Non

Fiche n°4 Adoptez une ponctuation rigoureuse

Les signes de ponctuation donnent des indications sur la compréhension du texte et sa lecture. Ils séparent les phrases, les propositions, les mots et servent à faire respecter les temps. Ils indiquent les silences et les pauses, les variations de l'intonation, les modifications mélodiques du débit.

Comparez : *Le salarié, dit l'entreprise, doit se transformer.*
Le salarié dit : « L'entreprise doit se transformer. »

Le point

• Indique la fin d'une phrase. • Est suivi d'une majuscule pour commencer une phrase nouvelle.	Hier, j'ai dîné à 20h. À 22h, je suis allée au cinéma.

La virgule

• Quand l'ordre des mots dans une phrase est respecté à savoir: Sujet-verbe-complément d'objet direct-complément d'objet indirect-compléments circonstanciels, il n'y a pas besoin de virgule.	Je vais visiter un appartement dans Paris au cœur du XVe arrondissement.
• Quand cet ordre est bouleversé, pour mettre en relief un mot ou un groupe de mots, il faut mettre une virgule.	Aujourd'hui, je vais visiter un appartement… Au cœur du XVe arrondissement, il y a…

Le point-virgule

• Sépare des parties importantes d'une phrase longue. • Figure à la fin des groupes de mots formant une énumération.	Le poisson filait à travers les eaux argentées de la rivière, indifférent aux pêcheurs, sûr de lui, inaccessible et narquois; ses belles nageoires frisaient la surface de la rivière.

Les deux points

• Annoncent une énumération. • Introduisent une explication. • Introduisent une citation.	• Il n'en restait que trois: Pierre, Paul et Louis. • Voici une règle: deux et deux font quatre. • Il m'a dit: « J'y suis, j'y reste. »

Le point d'interrogation

• Indique la fin d'une phrase interrogative.	Quelle heure est-il?
Remarque Dans l'interrogation indirecte, on utilise le point et non le point d'interrogation.	Je me demande si ce texte est bien ponctué.

Le point d'exclamation

• Il remplace le point à la fin d'une phrase lorsque celle-ci indique la joie, l'étonnement, l'admiration, la surprise, la douleur…	*Vous avez bien réussi, dites-moi!*
Remarque: Ne mettez pas de majuscule après le point d'exclamation qui marque une interjection.	*Bravo! votre mise en page est parfaite.*

Les « 3 » points de suspension

• S'emploient par trois. • S'emploient entre parenthèses ou entre crochets pour indiquer une interruption de phrase ou de citation. • Indiquent que la phrase reste inachevée. • Marquent la discrétion, l'émotion, le sous-entendu.	Il était une fois (...) et ils vécurent heureux. Il ferait mieux de ne pas... Si vous saviez combien j'ai regretté... Quelle folie!
Remarque • Les points de suspension ne sont pas précédés d'une virgule. • Etc. est précédé d'une virgule et n'est pas suivi de points de suspension.	Les signes de ponctuation sont le point, la virgule, les deux points... Les signes de ponctuation sont le point, la virgule, les deux points, etc.

Le tiret

• Marque le changement de locuteur dans un dialogue. • Met en évidence un mot ou un segment de phrase; dans ce cas, il est employé par paire sauf en fin de phrase. • Précède chaque terme d'une énumération.	Cette circulaire XX – parue en janvier – facilite le traitement des dossiers.

Les guillemets

• Précédés des deux points, encadrent les paroles rapportées au style direct.	Il lui dit: « Comment vas-tu? »
• Introduisent une citation.	« L'enfer, c'est les autres. » (J.P. Sartre)
• Encadrent un titre, une expression de langue étrangère, une expression familière, employée dans un sens inhabituel, approximatif, une expression que l'on veut mettre en valeur. Dans ces emplois, les guillemets peuvent être remplacés par l'italique.	Un repas « à la bonne franquette ».

▪ Fiche n°5 ▪ Veillez à la lisibilité de vos textes

Cette lisibilité dépend de plusieurs facteurs. Voici quelques conseils :

Construisez vos paragraphes

- Pas plus d'une idée principale par paragraphe : c'est le secret de la clarté.
- Mais cela n'empêche pas de structurer cette idée principale en idées secondaires qui viennent la développer.
- N'oubliez jamais de changer de paragraphe quand vous changez d'idée.

Structurez vos phrases

- Privilégiez la phrase courte ! 15 à 20 mots se lisent et se retiennent facilement (8 mots pour un lecteur lent ; 16 pour un lecteur entraîné).
- Si vous optez pour une phrase plus longue, veillez à ce qu'elle respire (ponctuation, conjonctions, etc.) et qu'elle ait du rythme.
- Placez l'essentiel en début de phrase. On le retiendra mieux.

Ayez des mots « choisis »

- Choisissez des mots courts et usuels plutôt que des mots longs et rares.
- Adoptez des mots concrets, précis plutôt que des périphrases :
  ➢ ex. : un texte court, plutôt qu'un texte de dimension réduite.
- Évitez les mots vides de sens : ceux qui n'apportent rien de plus au sens de la phrase.
  ➢ ex. : apporter une justification ; procéder à une vérification ; dites tout simplement vérifier ou justifier.
- Retenez les mots pleins de sens, ils rendent vivants et dynamiques vos écrits.
  ➢ ex. : des verbes d'action comme donner, recevoir, prendre.
- Évitez le passif, les tournures impersonnelles et les pléonasmes.
  ➢ ex. : il a été dit que, prévoir à l'avance, il suffit simplement.
- Bannissez le jargon... sauf s'il est connu de tous.

Soignez la correction grammaticale et orthographique de vos textes

- Voir les fiches précédentes pour les erreurs les plus récurrentes.
- Recourez au correcteur orthographique de votre micro-ordinateur.
- Faites votre propre abécédaire (répertoire de mots que vous orthographiez avec difficulté).

Faites une mise en page claire et attractive

- Utilisez modèles et charte graphique pour ne pas réinventer à chaque fois le fil à couper le beurre.
- Appliquez des principes de relecture efficace (cf.. fiches suivantes).

Fiche n°6
Utilisez correctement les ressources typographiques

Nous avons vu des règles de lisibilité liées à l'art de rédiger (fiche n° 5) Voici maintenant des règles concernant la bonne utilisation des ressources typographiques de nos ordinateurs. Prenez un des documents que vous avez récemment mis en page, regardez votre charte graphique et demandez-vous si vous êtes « pro ».

Principes à mettre en œuvre concernant :	Les appliquez-vous ? **Oui/Non**
La police de caractère • Se limiter à deux polices par document. (ex.: Arial et Times) • Choisir une police sans empattement pour les titres. ➢ ex.: T (ici en arial) • Et une police avec empattement pour le texte (se lit plus vite) ➢ ex.: T (ici en times)	
Le corps de caractère • Garder le même corps (ou grosseur de caractère) pour les éléments de même valeur ➢ ex.: corps 16 à 24 pour les titres ➢ 12 à 16 pour les sous-titres ➢ 9 à 12 pour le texte courant ➢ 8 pour les *nota bene*, *post scriptum*, etc.	
Les majuscules • Limiter l'usage des majuscules. ➢ Ce sont des caractères à voir pas à lire. ➢ Elles sont moins lisibles que les minuscules et ralentissent la lecture.	
L'italique • Ne dépassez pas deux lignes en italique. ➢ L'italique est fatigant à lire et moins lisible.	
Le gras • Évitez de graisser un mot dans le corps d'une phrase. ➢ Un mot en gras court-circuite le titre. • Graissez plutôt un groupe de mots, un fragment de phrase.	
L'interlignage • N'en faites ni trop, ni trop peu. ➢ Pas d'interligne rend illisible. ➢ Trop aéré, aussi.	
Le souligné • N'en abusez pas ! C'est comme le gras.	

Que décidez-vous – là maintenant – de changer dans votre façon de faire ?

■ Fiche n°7 ■ Changez vos habitudes de relecture

Chacun a ses habitudes de relecture. Ici nous vous proposons une méthode simple, efficace et rigoureuse.
Vérifiez si vous en appliquez les grands principes, en indiquant « oui » ou « non » dans la colonne de droite, puis décidez d'agir.

Principes de relecture:	Les appliquez-vous? **Oui/Non**
1 • Commencez la relecture de vos documents… avant même de les frapper • Prenez un moment pour comprendre le document et une fois de plus, utilisez le fameux « râteau de Quintilien »: « Comment, qui, quoi, combien, où, quand, pourquoi ». Faites déjà des corrections qui s'imposent sur le brouillon.	
2 • Prévoyez votre relecture en décalé • Ne corrigez jamais pendant ou juste après la frappe. • Regroupez tout ce que vous avez à relire. C'est un principe d'organisation élémentaire. (cf.. chapitre 1) • Commencez par le plus anciennement tapé. Vous aurez l'impression de découvrir le texte et ce recul sera salutaire.	
3 • Soyez relax pendant la frappe. Gardez votre capacité de concentration pour après • Tapez vite sans vous soucier des fautes. • Ensuite vous aurez l'esprit beaucoup plus frais et dispos.	
4 • Organisez votre espace de relecture • Séparez nettement, dans ou sur votre bureau, l'espace frappe et l'espace correction. • Suivez le conseil d'Isabelle Hamonic: devenez tour à tour « Mrs Frappe et Dr Correction ».	
5 • Attaquez la relecture par ce qu'on ne relit généralement pas • Commencez par relire le sommaire: il s'y loge souvent de grosses fautes… après relecture. • Relisez tous les titres. • Puis tous les sous-titres, avant d'attaquer le texte.	
6 • Relisez le texte à l'envers • Partez de la fin et remontez phrase par phrase pour piéger les fautes de frappe ou d'orthographe.	
7 • Faites relire votre document par quelqu'un d'autre • Faites relire l'auteur sur le fond. • Faites faire une dernière relecture par quelqu'un d'autre, chaque fois que possible… à charge de revanche.	

N.B. : Vous êtes convaincue ? décidez d'agir avant de tourner cette page. La méthode est efficace ; la preuve en est faite.

Chapitre V

Prendre en main son évolution professionnelle

1 ■ Faire le point

N'attendez pas tout de votre entreprise ! C'est vous qui gérez votre carrière.

Certes l'entreprise vous donnera les moyens d'évoluer si elle en éprouve le besoin. Mais si ce n'est pas le cas ou si vous n'en manifestez pas le désir ou ne savez pas saisir les opportunités... vous ferez du surplace.

Il est donc essentiel pour vous d'y voir clair sur vos compétences et sur votre potentiel, afin de devenir actrice de votre évolution professionnelle en toute connaissance de cause.

Voici trois fiches pratiques :

1 ▪ Vérifiez que vos compétences sont adéquates.
2 ▪ Faites vivre votre description de poste.
3 ▪ Créez votre « book de compétences ».

▪ Fiche n°1 ▪ Vérifiez que vos compétences sont adéquates

Il est important de vérifier en permanence que vos compétences sont en adéquation avec :
- ce qu'on attend de vous dans votre poste ;
- les besoins de votre société en cas de mutation à l'intérieur de celle-ci ;
- le marché du travail, pour rester compétitive quelles que soient les circonstances (obligation ou volonté de changement).

Adéquation à votre poste

- Demandez à vos managers ce qu'ils en pensent. Proposez-leur les contrats de prestation de service et les revues de contrat décrits dans le chapitre 1. Cela vous permettra de partir d'une base concrète pour chacune de vos missions.

- L'entretien d'évaluation, plus formel, viendra compléter annuellement cet exercice. (Voir fiche ci-après.)

- Obtenez aussi un feed-back sur vos comportements. On peut être une bonne « pro » sur le plan technique et n'avoir pas toujours le « savoir-être » adapté.

Vous trouverez ci-après une aide au diagnostic comportemental dans les secrétariats.

Vérifiez auprès de vos managers que vos comportements sont adaptés

1 • Qualificatifs représentatifs des attentes des managers d'aujourd'hui	2 • Description	3 • Quels sont les qualificatifs qui vous correspondent			4 • Vérifiez avec vos managers qu'ils sont d'accord avec vous	
		Tout à fait	À moitié	Pas du tout	Oui	Non
1. Sens du service et de la qualité de service	• Considère son travail comme une somme de prestations de service qui doivent répondre aux attentes de ses « clients » internes ou externes.					
2. Proactive	• Agit et réagit de façon cohérente avec les valeurs de son entreprise et de ses managers en leur faisant gagner du temps au maximum.					
3. Autonome	• Connaît ses limites lors de la prise d'initiatives en fonction de sa connaissance d'une situation et des habitudes de son manager. • Capable d'effectuer un registre de missions avec une fiabilité maximale rendant inutile un contrôle autre qu'exceptionnel. • Autonome ne signifie pas indépendante. L'autonomie ne dispense pas de rendre compte sur les actions menées.					
4. Fiable	• Remplit ses missions dans le respect des délais, des procédures et de la culture d'entreprise.					
5. Discrète	• Respecte la confidentialité des informations qui lui sont confiées, sans être pour autant « effacée » au sens où on l'entendait autrefois.					
6. Sens des priorités	• Sait en permanence relativiser le degré d'importance et d'urgence dans son travail. Et, en cas d'interrogation, sait poser les bonnes questions au lieu de « ronchonner » sur l'inorganisation de ses managers.					

1 • Qualificatifs représentatifs des attentes des managers d'aujourd'hui	2 • Description	3 • Quels sont les qualificatifs qui vous correspondent			4 • Vérifiez avec vos managers qu'ils sont d'accord avec vous	
		Tout à fait	À moitié	Pas du tout	Oui	Non
9. Débrouillarde	A un esprit pratique, sait trouver de bonnes astuces.					
10. Rapide	Capable de trouver le meilleur moyen pour réaliser quelque chose.					
11. Sens du produit fini	Se sent responsable de ce qu'elle donne ou produit jusqu'au bout; n'attend pas qu'on contrôle après elle la finition.					
12. Capable d'anticipation	Sait prévoir ce dont ses managers auront besoin, grâce à une bonne connaissance des affaires, sans qu'ils aient besoin de tout dire, ou sait poser les questions pour en être capable.					
13. Investie dans son travail	A une vision globale de l'activité; s'intéresse au contenu des affaires traitées. S'informe, cherche à comprendre par elle-même.					
14. Se pose et ose poser les bonnes questions	A suffisamment d'affirmation de soi et de confiance en soi pour le faire.					
15. Responsable	Ne fait pas appel à sa hiérarchie pour prendre des initiatives (voire des décisions) qui sont de son domaine de compétences.					
16. Favorise et organise la circulation de l'information	Sait trier, sélectionner, diffuser l'information utile et seulement celle-ci.					
17. Complémentaire de ses managers	Connaît leurs points forts et faibles. Pallie ces derniers quand ils sont dans son domaine de compétence.					

Adéquation aux besoins en secrétariat de votre entreprise

En restant un certain temps dans le même poste, avec le(s) même(s) manager(s), le risque existe de tomber dans la routine et de ne pas se rendre compte que les compétences requises ont changé pour postuler à des créations de poste ou des remplacements.

Consultez régulièrement les annonces internes. Demandez-vous quelles seraient vos chances ? Quelles compétences auriez-vous à vendre ? Et si vous postulez sans être (jamais) retenue, demandez un entretien avec votre Direction des ressources humaines pour comprendre et prendre les dispositions nécessaires. Parfois, il faut tout simplement vous faire connaître mieux, décider de vous former pour combler les manques ou recourir à un bilan de compétences pour vous éclairer.

Adéquation au marché du travail

Le raisonnement est le même que précédemment, mais là il s'agit de consulter les offres d'emploi externes pour vous situer et tester votre valeur sur le marché de l'emploi. (cf.. fiche 3 p. 159).

Si vous avez « envie » de changer de société et ne vous décidez pas à franchir le pas, n'hésitez pas à recourir au bilan de compétences. Il clarifiera non seulement vos acquis, mais aussi les freins à votre évolution professionnelle et vous aidera à lever vos contradictions.

Voici quelques exemples de contradiction tout à fait classiques :

- On ne peut vouloir la sécurité et la stabilité… tout en voulant évoluer et bouger.
- On ne peut vouloir être autonome… tout en se montrant très dépendante de son environnement.
- Être reconnue pour son professionnalisme… en développant des comportements avant tout affectifs.
- Prendre des initiatives et des responsabilités… sans prendre de risques.

Dès que vous y verrez plus clair sur vos compétences, peaufinez les outils qui vont vous aider à devenir actrice de votre évolution professionnelle, à savoir : votre Fiche de description de poste et votre « book de compétences ». (voir fiches ci-après)

▪ Fiche n°2 ▪ Faites vivre votre description de poste

1 ▪ Identifiez clairement la finalité de votre poste

Pour vous y aider, voici un exemple…

- Faire gagner du temps à l'équipe de managers et leur apporter – en plus d'un support administratif – un support opérationnel et logistique. Rassurer leurs clients.

2 ▪ Rédigez votre description de poste

Nom **Prénom**

Date (à réviser tous les ans)
FINALITÉ DE VOTRE POSTE
Missions principales
Missions secondaires
Critères de performance
Délégation sur
Objectifs pour l'année à venir

3 ▪ Faites-la valider par votre manager

▪ Fiche n°3 ▪ Créez votre « book de compétences »

Ayez votre « book de compétences » et pensez à l'actualiser. Il vous servira à valoriser vos compétences, à rédiger votre curriculum vitae et à être concrète lors d'un entretien d'appréciation ou de recrutement.

Pour cela :

1 ▪ Identifiez les missions qui sont les vôtres

Classer, téléphoner, produire des comptes rendus de réunion, rédiger des lettres, vous organiser, être une interface efficace, etc.

2 ▪ Décrivez pour chaque mission les compétences qui sont les vôtres

Voir exemple ci-après :
- À propos du classement, je suis capable de…
- Et j'en apporte la preuve par…

Le classement

COMPÉTENCES Je suis capable de…	**PREUVES** Et j'en apporte la preuve par…	**Quand?** Le …
1. Réorganiser un classement défaillant.	La réorganisation faite en arrivant dans le service avec approbation des managers.	
2. Créer un plan de classement « triple accès » et l'informatiser.	Le plan de classement du service sous forme papier et électronique.	
3.…		
4.…		

2 ■ Pour être acteur de son évolution

Vous êtes responsable de votre évolution professionnelle.
Préparer son entretien d'appréciation, être acteur de sa formation, faire un bilan de compétences, gérer sa mobilité interne ou externe sont autant d'atouts de réussite.

Vous trouverez donc, dans ce chapitre, des informations qui vous aideront à travers ces différentes étapes. Et n'oubliez pas qu'avec l'arrivée d'Internet, la formation à distance peut vous aider ! alors, à vous de jouer !

Voici cinq fiches pratiques :

1 ▪ Préparez votre entretien d'appréciation.
2 ▪ Gérez votre formation continue.
3 ▪ Choisissez de tester « votre valeur » sur le marché.
4 ▪ Découvrez les clés de la réussite d'une formation à distance.
5 ▪ Perfectionnez gratuitement votre anglais et votre espagnol via le Web.

▪ Fiche n°1 ▪
Préparez votre entretien d'appréciation

Vous avez mis au point votre « book de compétences » et réactualisé votre description de poste. Votre manager vous a fixé un rendez-vous d'entretien annuel ou c'est vous qui l'avez sollicité.

S'il n'existe pas de formulaire d'entretien dans votre société pour vous y préparer, voici un canevas pour guider votre réflexion.

Et si vous avez un peu le trac, n'hésitez pas à consulter notre fiche n° 10, chapitre 2, concernant la gestion du stress.

Missions	**Objectifs**	**Résultats**	**Compétences mises en œuvre**	**Évolution**		
				Souhaits	**Échéances**	**Moyens**
1 • 2 • 3 •						

▪ Fiche n°2 ▪ Gérez votre formation continue

Le point régulier que vous ferez avec vos managers sur vos compétences et votre évolution professionnelle, la lecture des petites annonces internes ou externes pour vous situer, un bilan de compétences ou un point carrière… tout ceci doit vous aider à définir vos besoins de formation continue.

1 ▪ Définissez vos objectifs de formation

Pour cela, posez-vous les bonnes questions, à savoir : voulez-vous…

- acquérir des connaissances ? si oui, lesquelles ?
- renforcer des savoir-faire ? si oui, lesquels ?
- développer un savoir-être spécifique ? si oui, lequel ?

2 ▪ Choisissez le moyen « formatif » le plus approprié

- Identifiez les moyens possibles : livres, stages, échanges entre professionnelles, coaching, CD-Rom, e-learning…
- Tenez compte de vos facultés personnelles d'apprentissage : comment apprenez-vous le mieux ?
- Prenez en compte les contraintes : temps/durée, lieu, budget, etc.
- Proposez à votre manager le moyen « formatif » qui vous paraît le plus performant pour vous et faites-vous aider par votre responsable formation pour finaliser votre projet.

3 ▪ Préparez-vous à être acteur de votre formation

- Avant de partir en stage :
  - ➢ Préparez-vous à répondre à la question, que ne manquera pas de poser l'animateur : qu'êtes vous venue chercher ? quels sont vos objectifs ?
  - ➢ Listez les questions auxquelles vous voudriez avoir une réponse.
  - ➢ Venez avec des documents si vous voulez les voir traiter en stage.
  - ➢ Prenez rendez-vous avec votre manager pour faire le point au retour.
- Pendant la formation :
  - ➢ Soyez active !
  - ➢ Ne repartez pas sans vous être fixé un plan d'action.
- Après la formation :
  - ➢ Prenez le temps de (re) lire votre documentation de stage et les décisions que vous avez prises.
  - ➢ Faites le point avec votre manager : c'est un bon moyen de formaliser vos propres engagements.
  - ➢ N'oubliez pas d'enrichir votre « book de compétences » (cf.. p. 155).

▪ Fiche n°3 ▪ Choisissez de tester « votre valeur » sur le marché

Voici une sélection d'actions qui vous permettront de tester vos compétences sur le marché :

- **Consultez les annonces intéressantes**
Elles correspondent à votre poste ou à celui que vous visez. Notez alors les compétences demandées et comparez-les avec vos propres compétences.

Poste visé : Assistante commerciale

Compétences demandées	J'ai ou pas ces compétences		Moyens à mettre en œuvre pour les développer
	Oui	Non	
1. Maîtriser PowerPoint		X	Acheter le livre PowerPoint 2000 collection « Se former en un jour » et s'autoformer à Powerpoint.
2. Maîtriser l'accueil en langue anglaise	X		
3. Etc.			

- **Déposez votre CV sur les sites Internet d'emploi**
Vous verrez ainsi le nombre d'entreprises qui consultent votre CV et, très certainement, vous décrocherez des entretiens qui vous permettront d'affiner la vision du poste que vous recherchez, mais également d'être de plus en plus à l'aise dans cette situation. Un conseil : même si vous sentez que le poste ne vous intéresse que moyennement, allez-y ! cela vous fera un entraînement sans stress, sans pression et puis, on ne sait jamais !

- **Envoyez votre CV et une lettre de motivation**
Choisissez de l'envoyer, par e-mail ou par courrier, à des entreprises qui recrutent. Vous trouverez, en général, sur les sites d'emploi, la liste de celles-ci, avec leurs coordonnées.

- **Demandez une évaluation de votre salaire**
C'est possible sur certains sites. Cette étude est réalisée en fonction des critères que vous indiquez (niveau d'études, ancienneté, poste…). Il sera nécessaire de coupler cette évaluation avec les salaires des petites annonces pour lesquelles vous avez obtenu un entretien afin d'ajuster vos prétentions.

En plus de la rubrique « petites annonces », les sites Internet d'emploi proposent une multitude de trucs et astuces pour rédiger votre CV, votre lettre de motivation ou encore préparer vos entretiens d'embauche. Reportez-vous au chapitre « Pour en savoir plus… », p. 164, pour connaître ces sites.

▪ Fiche n°4 ▪ Découvrez les clés de la réussite d'une formation à distance

1 ▪ Sélectionnez un module adapté à vos besoins réels

- Regardez ce qui s'offre à vous en interne ou sur le Web de manière à répertorier les formations qui vous intéressent;
- Identifiez avec votre manager les compétences à affiner ou développer;
- Choisissez des formations aux horaires flexibles et bénéfiques même sur un temps très court si vous êtes susceptible d'être souvent interrompue.

2 ▪ Choisissez le meilleur moment pour vous former

- Commencez la formation durant une période où vous n'êtes pas surchargée de travail;
- Définissez avec votre manager des plages régulières durant lesquelles il n'aura pas besoin de vous;
- Précisez à vos collègues les moments où vous vous formez;
- Transférez vos appels vers le poste de l'une d'entre elles ou basculez votre ligne sur la messagerie.

3 ▪ Soyez régulière dans l'effort

- Respectez le planning que vous vous étiez fixé;
- Effectuez des séquences denses de manière à éviter l'émiettement du contenu;
- L'autoformation, c'est comme le piano: mieux vaut s'entraîner peu longtemps mais souvent, qu'une seule fois longuement de temps en temps...

4 ▪ Échangez avec les autres

- Posez vos questions et répondez à celles des autres personnes qui suivent la même formation que vous;
- Mettez en pratique et faites part de vos expériences.

▪ Fiche n°5 ▪ Perfectionnez gratuitement votre anglais et votre espagnol via le Web

De nombreux sites Internet sont consacrés à l'apprentissage des langues étrangères. Voici deux exemples pour l'anglais et l'espagnol.

Votre anglais...

E-anglais : www.e-anglais.com/

- Testez votre niveau d'anglais, travaillez votre grammaire et votre conjugaison grâce à de nombreux exercices. Des liens intéressants vers d'autres ressources.
  Exemple : Comment choisir un dictionnaire ?

English At Home : www.english-at-home.com/

- Leçons de grammaire et de vocabulaire, trucs et astuces pour améliorer vos communications orales.

English Zone : www.english-zone.com/main.html

- Exercices et cours en ligne classés par niveau.

To Learn English : www.anglaisfacile.com

- De nombreuses ressources pour apprendre l'anglais : cours, jeux, exercices, tests, pièces de théâtre, actualités et potins, les blagues et dessins du jour. Un site très ludique !

English day : www.englishday.com/

- Vocabulaire et grammaire. Mots croisés et cachés, jeux du pendu, anagrammes et tests classiques.

Sounds of English : www.soundsofenglish.org/

Ce site permet d'écouter différents sons en anglais afin d'améliorer votre prononciation.

Business English Grammar : www.better-english.com/grammar.htm

- Conjugaison et pièges classiques à éviter et 250 exercices pour vous perfectionner.

ESP-EFL British Civilisation : www.lapasserelle.com/lm/

- Exercices interactifs nouveaux toutes les semaines (l'accès aux différentes rubriques est en bas de la page).

Englishlearner : www.englishlearner.com/

- Tests et exercices de grammaire, vocabulaire, lecture et mots croisés. Leçon d'anglais par e-mail.

ESL BLUE English : www.collegeem.qc.ca/cemdept/anglais/trouindx.htm

- Tests et grammaire.

English Town : www.englishtown.com/master/tests

- Des tests pour connaître votre niveau. Vous pouvez choisir entre des tests courts ou longs et des tests spécialisés ou généraux. En vous inscrivant sur le site, vous pouvez également participer à des « chats » en anglais (discussions en direct) avec d'autres internautes.

Pour vous tester :

Test Your Written Comprehension : www.englishclub.net/reference/levels/test-wc.htm

Ressources : journaux, télévisions,…

Journaux et magazines :

- Newsweek : www.newsweek.com/
- Time Magazine : www.time.com/time/
- The Economist : www.economist.com/
- The Times : www.the-times.co.uk/

Télévision et radio :

- ABC American Broadcasting Company : www.abc.com/
- BBC British Broadcasting Corporation : www.bbc.co.uk/worldservice/

Livres électroniques gratuits :

- De nombreux ouvrages à télécharger : digital.library.upenn.edu/books/

Traduction :

- Babelfish : babelfish.altavista.com/
  Traduction en ligne du moteur de recherche AltaVista.
- Babylon. com : www.babylon.com/
  Télécharger un logiciel de traduction gratuite.
- Microsoft et L & H : officeupdate.lhsl.com/
- Systran : www.systranlinks.com/systran/cgi
  Traduction en ligne.

Votre espagnol...

Espagnol pour débutant : www.trentu.ca/spanish/masarriba/

- De nombreux exercices pour les débutants.

La langue espagnole : www.webcom.com/rsoca/index.html

- De nombreuses informations sur l'Espagne en espagnol : histoire, journaux régionaux, émissions de radios...

Des sites de grammaire et d'orthographe :

- www.indiana.edu/%7Ecall/lengua.html
- www.colby.edu/%7Ebknelson/exercises/index.html

Télévision et radio :

- www.rtve.es : portail de toutes les chaînes TV et radios espagnoles de TVE.
- www.antena3tv.com/: chaîne antena 3.

Journaux et magazines : lire en espagnol

- www.elpais.es/: le journal *El Païs de Madrid* : Quotidien sur l'actualité politique et culturelle nationale et internationale.
- www.elperiodico.es : le journal *El Periodico*, quotidien catalan qui propose une édition bilingue (espagnol/catalan). On peut aussi consulter toutes ses éditions régionales.

Traduction :

- www.translatin.com/: traduction de tous types de documents (site payant).
- www.mouli-net.com/traducteur/: dictionnaire en ligne gratuit.

■ Pour en savoir plus... ■ Bibliographie et sites internet

Ouvrages généralistes

- *Se préparer au secrétariat de demain,* A. Broilliard et P. Jolly Pierrefeu, Éditions Demos, 1997.
- *Les Nouvelles secrétaires,* D. Bazin, Éditions Dunod, 2000.
- *Le Guide de la secrétaire de A à Z,* D. Bazin et A. Broilliard, Éditions Dunod, 1992.
- *Comment devenir une cybersecrét@ire,* K. David et C. Syren, Éditions Demos, 2001.
- *Manuel pratique de la secrétaire efficace,* M. José G. Lorente, Le club du livre technique, 1998.
- *Secrétaire-manager : une équipe gagnante,* I. Jouanin-Perrin, Éditions d'Organisation, 2000.

Magazine

- Assistante plus.

Sites Internet

- Supersecrétaire : www.super-secretaire.com/
- Secrétaire plus : www.secretaireplus.com/
- Azerclic : www.azerclic.com/

Manager son temps

- *Le Temps maîtrisé ou la secrétaire efficace,* J. Dubost, Éditions Demos, 1997.
- *Le Temps personnel : tempo ou les clefs du temps,* J. Dumont, Éditions d'Organisation, 1988.
- *Savoir gérer son temps,* J.D. Menard, Éditions Retz, 2001.
- *Le Nouvel art du temps,* Jean-Louis Servan-Schreiber, Albin Michel, 1999.
- *Le Syndrome de Chronos,* Denis Ettighoffer et Gérard Blanc, Éditions Dunod, 1998.

Sites Internet

- Kikankoi : www.kikankoi.com
  Ce site vous propose des services gratuits : agenda, rappel d'événements par mail, etc.

Organiser réunions et manifestations

- *La Communication événementielle,* Arnauld du Moulin de Labarthète, Éditions Demos, 1997.

Sites Internet :

- Réunir : www.reunir.tm.fr
  Trouver un lieu de réunion, de réception parmi plus de 1000 établissements proposés.
- Bedouk : www.bedouk.com

Trouver votre prochain lieu de réunion : 4000 centres de congrès, séminaires et conventions.

Développer son potentiel de communication

- *S'affirmer et communiquer*, J. M Boisvert et M. Beaudry, Éditions de l'homme, 1998.
- *Savoir dire non : apprendre à refuser pour enfin s'affirmer*, M. Haddou, Éditions Flammarion, 1997.

Optimiser ses contacts téléphoniques

- *Le Guide du savoir-faire au téléphone*, P. Richard-Postal, Éditions Demos, 2001.
- *Mieux utiliser le téléphone : un média sur votre bureau*, S. De Menthon, Éditions d'Organisation, 2001.
- *Utiliser efficacement le téléphone*, B. Brouillerce et F. Rousseau, Éditions Dunod, 1999.

Sites Internet :

- Les Pages Jaunes : www.pagesjaunes.fr
  Annuaire Téléphonique des professionnels et particuliers avec plans et photos.

Traiter l'information entrante

- *Savoir lire... vite, bien, avec plaisir*, P. Bel, Éditions Demos, 1997.
- *Une tête bien faite*, T. Buzan, Éditions d'Organisation, 1997.
- *La Lecture active*, M. J. Couchaere, Éditions Chotard, 1989.
- *Comment améliorer sa mémoire à tout âge*, D. Lapp, Éditions Dunod, 2000.
- *Des méthodes pour la mémoire*, A. Lieury, Éditions Dunod, 1992.
- *La Lecture rapide*, F. Richaudeau, M. F Gauquelin, Éditions Retz, 1993.
- *L'Art de lire vite et bien*, B. Soulez, Éditions d'Organisation, 2000.

CD-ROM

- *Les Secrets de l'intelligence*, B. Lévy et E. Servan-Schreiber, Éditions Ubi Soft.

Sites Internet

- Happyneuron : www.happyneuron.com
  Un site consacré à la mémoire et tout ce qu'il faut pour la développer (tests, jeux, etc.).

Exploiter l'information sur Internet

- *Initiation à Internet*, Yves Fréchil, Éditions Sybex, 1999.

Sites Internet

- Encyclopédie animée de France Télécom Multimédia et Wanadoo
www.wanadoo.fr/wanadoo_et_moi/comprendre/netexpress/index.html
Pour tout savoir sur l'histoire du réseau Internet, le parcours d'une connexion, les secrets du World Wild Web.
- Tout le Net : www.toutlenet.com
Différents thèmes sont traités : historique d'Internet, connexion, messagerie, recherche…
- L'internaute : www.linternaute.fr
Des dossiers complets et didactiques pour améliorer votre connaissance pratique du Net ou votre pratique de ses outils.
- Abondance : www.abondance.com/ressources/netiquette.html
Tout savoir sur la Netiquette.
- Hoaxbuster : www.hoaxbuster.com
Ressources et enquêtes sur les virus et faux virus qui circulent sur le Web.
- Télécharger : www.telecharger.com
Site sur lequel télécharger des logiciels gratuits comme par exemple Winzip pour compresser, décompresser vos documents.

Classer pour retrouver

Sites Internet

- Locarchives : www.locarchives.fr/duree/
Connaître les durées de conservation des documents administratifs, juridiques et comptables de l'entreprise.
- Service public : vosdroits.service-public.fr/ARBO/2114-NXPAP113.html
Connaître grâce au portail de l'Administration française toutes les durées de conservation de vos documents personnels (assurance, logement, banque, etc.).

Réussir ses comptes rendus de réunions

- *De la prise de notes au compte rendu efficace*, M. A. Giraudy et P. Guérin, Top Éditions, 1991.
- *L'Expression écrite*, L. Timbal-Duclaux, Éditions ESF, 1981.

Relire ses documents

- *Tester et enrichir son vocabulaire*, P. Desalmand, Éditions Marabout, 1991.
- *Se réconcilier avec l'orthographe : des moyens mnémotechniques simples et efficaces pour en finir avec les fautes*, B. Fripiat, Éditions Demos, 1997.
- *La Grammaire pour tous*, Le Bescherelle, Éditions Hatier, 1997.
- *La Conjugaison pour tous*, Le Bescherelle, Éditions Hatier, 1997.
- *Le Petit Robert*, mis à jour par A. Rey et Rey-Debove, J. Paris, Édition de 1991.

Sites Internet

- Orthonet : www.sdv.fr/orthonet/
  Vocabulaire, langue et orthographe du français.
- Dicosdor : www.dicosdor.com
  Le concours de Bernard Pivot et son agenda, son histoire, l'actualité de la langue française, des tests et des dictées, les annales, etc.
- Dictionnaire des synonymes : elsap1.unicaen. fr/cherches.html
- Le conjugueur : www.leconjugueur.com
  L'essentiel des règles de grammaire et la possibilité de conjuguer en ligne n'importe quel verbe.

Pour faire le point

- *Savoir définir et gérer ses objectifs*, Collection Formation Permanente en Sciences Humaines, ESF Editeur, 1993.

Sites Internet

- E-performance training : www.e-performancetraining.com
  Ce site propose un bilan de compétences en ligne.

Pour être acteur de son évolution

- Guide Baden CV-2002 d'Alain Baden (Éditions du Rocher) : Source documentaire d'aide à la recherche d'emploi.

Sites spécialisés qui proposent des offres d'emploi

- www.super-secretaire.com/
- www.secretaireplus.com/
- www.azerclic.com/

Sites d'emploi généralistes

Pour toutes les secrétaires/assistantes :

- www.monster.fr
- www.jobline.fr
- www.emailjob.com
- www.lerucher.com
- www.demain.fr
- www.centraljob.fr/
- www.optioncarriere.com/
- www.joblive.com
- www.jobpilot.fr
- www.emploi.com/
- www.michaelpage.fr/
- www.1000emplois.com/
- www.atoutjob.com
- www.init-emploi.tm.fr

Pour les assistantes expérimentées

- www.cadresonline.com
- www.cadremploi.fr
- www.apec.fr

Site sur le CV, la lettre de motivation

- www.100cv.com/

Éditions Demos

Les Éditions DEMOS, en créant des collections destinées à tous ceux qui sont impliqués dans la vie professionnelle, prolongent les activités du groupe DEMOS, dont le savoir-faire en formation est reconnu depuis près de 30 années avec plus de 200 000 personnes formées à ce jour.

COLLECTION MANAGEMENT/RESSOURCES HUMAINES
- *Comment devenir formateur occasionnel*, Béatrice Dameron
- *Comment réussir les entretiens annuels d'évaluation*, Patricia Joly-Pierrefeu
- *Les Outils du manager*, Bertrand Poulet
- *Comment réussir son plan de formation*, Annick Saint-Sauveur
- *Formation professionnelle : réglementation et nouveau paysage*, Jean-Pierre Willems
- *Savoir former, bilan et perspectives des recherches sur l'acquisition et la transmission des savoirs*, Collectif
- *La Communication appliquée aux organisations et à la formation*, Collectif
- *Le Management aujourd'hui*, Collectif
- *La Conduite de réunion*, Bertrand Poulet
- *La Conduite humaine du changement*, Thierry Chavel
- *Savoirs et compétences en éducation, formation et organisation*, Collectif
- *Comment manager un projet*, Jean-Jacques Néré
- *Changement et innovation en formation et organisation*, Collectif
- *Compétences et performances : une alliance réussie*, Claude Flück
- *Le Coaching démystifié*, Thierry Chavel

COLLECTION MARKETING/ACTION COMMERCIALE
- *Comment réussir vos mailings*, Xavier Lucron
- *Savoir négocier pour mieux vendre*, Hassan Souni
- *Le Marketing-Prix*, Michel Hugues

COLLECTION COMMUNICATION
- *Maîtriser ses écrits professionnels*, Dominique Berthod et Andrée Plot
- *Le Temps maîtrisé, Josette Dubost*
- *Savoir lire, vite, bien…, avec plaisir*, Pauline Bel
- *Se préparer au secrétariat de demain*, A. Broilliard, P. Clairay et P. Joly-Pierrefeu

COLLECTION COMPTABILITÉ ET FINANCES
- *Les Basics de la comptabilité*, Édith Fritz
- *Principes et outils de gestion*, Sabine Marem
- *Gestion financière : analyse et décisions*, Alain Coulaud
- *Maîtriser les règlements à l'export*, Jean Hesbert
- *Les Comptes consolidés*, Benoît Lebrun

COLLECTION SANTÉ
- *Vers une santé citoyenne*, Claire Brossier

COLLECTION QUALITÉ
- *Réussir le passage à la version 2000 de la norme ISO 9001*, Henri Mitonneau

COLLECTION COLLECTIVITÉS TERRITORIALES
- *Décisions administratives : voies de recours et droits du citoyen*, Laurent Pascal
- *Élus et marchés publics*, Valérie Fèvre-Pelée de Saint Maurice

COLLECTION ENVIRONNEMENT
- *Pollution de l'environnement, risques et responsabilités*, Solange Viger

COLLECTION DES FICHES POUR AGIR
- *L'Accréditation hospitalière*, Daniel Fromentin et Laurent Benaïoun

COLLECTION « LES PRATIQUES DEMOS »
- *Vivre l'euro*, Benoît Lebrun
- *Se réconcilier avec l'orthographe*, Bernard Fripiat
- *Valider les compétences avec les NVQ's*, Maureen Layte et Serge Ravet
- *Comment entrer dans la fonction publique territoriale*, Anne Jauffret et Frédéric Sourdel
- *Réussir son bilan de compétences*, Yves Bayard
- *Comment prendre la parole en public*, Jacques-René Martin
- *Gérer avec succès sa recherche d'emploi*, Christian Malécot
- *Bien réussir ses recrutements*, Françoise Petit
- *S'entraîner à réussir tous les tests*, Pierre Simon
- *Le Relationnel utile*, Sylvie Lainé
- *La Communication événementielle*, Arnauld du Moulin de Labarthète
- *Être européen aujourd'hui*, Laurence d'Andlau
- *Optimisez votre investissement salon*, Xavier Lucron
- *Comment devenir une cybersecrétaire*, Karine David et Camille Syren
- *Le Guide du savoir-faire au téléphone*, Patricia Richard-Postal